밤의 유서

AKKURAT PASSE. En liten fortelling om nesten alt by Jostein Gaarder

ⓒ Jostein Gaarder

First published by H. Aschehoug & Co. (W. Nygaard) AS, 2018
Korean Translation ⓒ 2021 by RH KOREA Co., Ltd.
All rights reserved.

The Korean language edition is published by arrangement with
Oslo Literary Agency through MOMO Agency, Seoul.

이 책의 한국어판 저작권은 모모 에이전시를 통해
Oslo Literary Agency 사와의 독점 계약으로
"(주)알에이치코리아"에 있습니다.
저작권법에 의해 한국 내에서 보호를 받는 저작물이므로
무단전재와 무단복제를 금합니다.

요슈타인 가아더 지음
손화수 옮김

밤의 유서

알에이치코리아

사랑하는 모든 이들에게
글리트레비크에서

차례

2009년 4월 23일

마리안네를 만난 후, 이제부터 모든 것이 변할 것이라는
사실을 깨달았다. 지금부터 일어날 일은 어떤 식으로든 우
리 모두에게 영향을 미치리라. 불안하고 착잡했다. 예전으
로 돌아갈 수 있는 방법은 없었다. 너무나 마음이 아팠다.

먼저 호수에 들러 보트를 물에 내놓았다. 여름이 시작되
면 호숫가에는 피서를 즐기는 사람들로 북적이기 때문에
그전에 미리 준비해야 번거로움을 피할 수 있었다.
여기저기 호수 주변으로 흩어져 있는 눈 더미들은 마치
긴 겨울을 말없이 지켜보던 과묵한 증인들 같았다. 기온
은 섭씨 영도에 가까웠지만 호수에 얼음이라곤 보이지 않

았다. 심지어 오두막인 글리트레비크 가장자리에서도 얼음을 찾아볼 수 없었다.

오두막에 들어가 장바구니를 내려놓고 신발을 벗은 후, 벽난로에 불을 피웠다. 불과 한 시간 전만 하더라도 중천에 떠 있던 태양이 어느새 서쪽 창밖으로 나직이 내려앉아 있었다.

불현듯 거의 모든 일을 한 손으로 해야 한다는 것을 깨달았다. 정교하고 세밀한 행위를 할 때는 더욱 그랬다. 한 달 전부터 왼손이 불편했는데 오늘에야 그 이유를 알아낸 참이었다.

발이 시리다 못해 아프기까지 했다. 집에 들러 두꺼운 옷과 장화로 갈아 신었어야 했는데 그러지 않았다. 집에 가도 반겨 줄 사람이 없었기에 요케르 슈퍼마켓에서 하루를 견뎌 낼 만큼의 꼭 필요한 음식만 구입하고 바로 오두막으로 왔던 것이다.

다행히 오두막에는 목이 긴 장화와 두터운 스웨터가 가득했다. 뜨개질로 만든 덧양말을 찾아 신고 두 개의 벽난로에 불을 한꺼번에 피웠다. 오두막 안은 금세 따뜻해졌다. 작은 오두막이 도움이 될 때도 있구나 하고 생각했다.

물론 검소하게 사는 것도 도움이 될 테지만 말이다.

　마리안네와 만난 후, 홀로 있고 싶다는 생각이 들었다. 이제 내게 필요한 것은 완벽한 고립이라는 생각도 함께.

　제대로 된 생각을 할 수가 없었다. 갖가지 복잡한 생각으로 머리가 지끈지끈 아팠다. 근심과 절망으로 몸을 가눌 수 없을 지경이었다. 하지만 해결 방법을 찾아야만 했다.

　글을 써 보는 건 어떨까? 글은 생각을 정리하는 최선의 방법이다. 종이 위에 글을 쓰기 위해선 생각을 구체적으로 나열해야 한다. 마침 혼란스럽던 머릿속에 명확한 생각 한 줄기가 고개를 들기 시작했다. 그것이 나를 어디로 이끌지는 알 수 없었다.

　내 글은 나만을 위한 것도 아니고 가까운 지인들만을 위한 것도 아니었다. 그렇다. 나의 사고와 지각은 온 인류와 관련이 있었다.

　인간은 어떤 존재일까? 이러한 질문은 어찌 보면 무지하고 순진한 질문이다. 하지만 단 한 번도 이 질문에 대한 답을 구체적으로 생각해 본 적이 없다.

　현재 내가 처한 상황이 특이하다고 보기는 어려웠다. 오히려 그 반대였다. 나는 인류에 속한 한 사람일 뿐이었다. 바로 그러한 존재로서 오늘 밤 동안 글을 써 보려 한다. 내가 내 스스로에게 부여한 마감은 이십사 시간이다.

인간의 삶을 이루 말할 수 없을 만큼 풍성하게 채우는 것들은 유대적인 관계, 온갖 느낌과 감정, 삶의 경험과 기억들이다. 하지만 삶이 끝나는 순간 이 모든 것들은 형태도 없이 사라지며 잊히고 만다.

금이 간 세상에서 피가 흐르기 시작했다. 이제 내 차례가 돌아왔다. 언젠가는 맞부딪쳐야 할 일. 마치 누군가 갑자기 내 뺨이나 콧잔등에 주먹질을 하는 것만 같다.

좀 더 부드럽고 따스한 이야기부터 시작하려 한다. 드라마의 절정을 맛보기 위해선 달콤한 서막도 있어야 하니까.

エイ린과 처음 만났던 날로 되돌아가 보자. 때는 1972년 9월이었다.

지금부터 하려는 말은 이 글을 읽게 될 사람들이 처음 듣는 이야기일 테다. 나는 오늘 오랫동안 숨겨 왔던 비밀을 밝히고자 한다. 때문에 특히 나의 아들 크리스티안, 며느리 유네, 손녀딸 사라는 마음의 준비를 단단히 해 주길 바란다.

　세상의 모든 가족들에게는 저마다의 비밀이 있기 마련이다. 우리가 오랜 세월 동안 비밀을 지켜 왔던 나름의 이유는 크리스티안을 보호하기 위해서였다. 그가 성인이 되면 모든 것을 말해 줄 생각이었지만 유야무야하다 보니 그런 일은 일어나지 않았다.

　일단 낡은 기억들은 옆으로 밀쳐 두고 그 일의 시작부터 말해 볼까 한다. 무려 삼십칠 년이라는 세월이 지났기에 내 기억이 정확하다고 장담할 수는 없다. 만약 사실과 다른 점이 있다면 에이린이 고쳐 주거나 덧붙여 주길 바란다.

　당시 우리는 둘 다 열아홉 살이었고, 오슬로 대학의 신입생이었다. 우리는 오슬로 대학 소푸스 부게 캠퍼스의 휴게실에서 처음 만났다. 입학 후 첫 강의가 있었던 월요일 아침이었던 것으로 기억한다.

사람들로 북적거리는 곳에서 한 소녀가 눈에 띄었다. 그녀는 커피 자판기 앞에 서서 동전을 넣으려는 중이었다. 순간 나도 강의실에 커피를 들고 가야겠다는 생각이 들었다. 단지 양손이 허전했기 때문은 아니었다. 우리는 서로를 발견하고 눈빛을 교환하면서 깜짝 놀랐다. 전에 만난 적이 있다거나 한 건 아니었다. 오히려 그 반대였다. 우리 모두 깜짝 놀랐던 것은 서로가 운명이라는 것을 첫눈에 깨달았기 때문이다.

그녀가 내게 미소를 지어 보였다. 그것은 약 이 초밖에 안 되는 시간이었지만, 내겐 억겁의 시간처럼 느껴졌다. 그리고 바로 그 미소와 함께 새로운 세상이 내 앞으로 펼쳐졌다.

가을 학기의 첫 강의가 시작된 참이었다. 우리는 서로 같은 강의실에 들어가게 될 거라는 것을 전혀 모르고 있었다. 그날 우리는 미로 같은 대학 건물 안에 난생 처음 발을 들인 신입생들이기도 했다. 게다가 아는 사람이라곤 한 명도 없었다.

다시 그녀와 눈이 마주쳤다. 어색하기 짝이 없었다. 그로부터 불과 일주일 후, 우리는 처음 만났던 날에 관해 이야기를 나누기도 했다. 마침 같은 과의 학생들과 서로 얼굴을 익히려 무진 애를 쓰고 있던 시기였다.

그녀가 내게 시간을 물었던 것도 그런 이유에서였을 것이다. 왜냐하면 나는 그녀의 손에 채워진 손목시계를 분명히 보았고, 그녀의 시계 또한 내 시계와 같은 시각을 가리키고 있는 것을 알아챘기 때문이다.

그날 그녀가 왜 내게 시간을 물었는지 알고 싶었다. 그것은 일종의 행간의 의미 또는 이중적 의도를 내포하고 있었던 걸까? 그녀가 내게 친해지고 싶다는 신호를 보냈던 건 아닐까?

나는 아홉 시 구 분이라고 대답했다. 말을 뱉자마자 내가 너무 무뚝뚝하게 대답한 것은 아닌지 걱정되었다. 나도 그녀와 이야기를 더 나누고 싶었기에 혹여 기회를 놓친 건 아닐까 안절부절못하고 있었던 것이다.

인간은 때로 직접적으로 부딪치기보다 여러 방법을 통해 빙빙 둘러 갈 때가 있다. "안녕하세요! 당신과 친하게 지내고 싶어요!"라고 처음 만났을 때부터 솔직하게 말할 수 있는 사람들은 손에 꼽을 정도로 그 수가 많지 않을 것이다.

커피를 손에 들고 내게 시간을 물어보았던 그녀에게 나는 좋아하는 내색을 비치지 않았다. 그녀의 미소가 매력적이라는 말도 하지 않았다. 그녀에게 첫눈에 반했다는 사실을 홀로 비밀처럼 간직했다. 그녀의 갈색 머리, 빙하에서 흘러내리는 물처럼 차갑고 맑은 녹색 빛의 눈동자. 그녀에게서 좋은 향기가 난다는 것도 내 가슴 속에만 담고 있었다. 휴게실은 좁았으니까.

강의 첫날, 그녀가 다른 학생들처럼 청바지가 아닌 꽃무늬 원피스를 입고 학교에 왔다는 것도 남달랐지만, 그 사실을 절대 입 밖으로 내지 않았다. 당시는 70년대 초였으므로 그러한 말을 할 때는 신중해야 했다.

비록 내가 짧고 무뚝뚝하게 대답하긴 했지만 그녀는 아랑곳하지 않고 내게 철학 수업을 들을 것이냐고 물었다. 나는 고개를 끄덕였고 용기를 내어 강의실에 함께 가자고 말했다.

그녀가 다시 내게 미소를 지었다. 그녀는 내가 커피를

뽑는 동안 곁에 서서 기다려 주었다.

우리는 건물 로비를 가로질러 강당 안으로 함께 들어갔다. 그녀가 내게 시간을 물어보았던 것은 성공적인 결과를 가져왔던 셈이다.

젊은 강사는 소크라테스 이전의 철학자들에 대해 개관적으로 설명했다. 강의가 끝난 후에도 우리는 잠깐 함께 서 있었다. 그때 무슨 이야기를 했는지까지는 기억나지 않는다. 아마 엠페도클레스나 헤라클레이토스에 관해 몇 마디 주고받았을 것이라 짐작한다. 적어도 자기 자신에 관한 말은 거의 하지 않았던 걸로 기억한다.

우리는 곧 헤어졌다. 둘 중 하나가 바빴다거나 더는 할 말을 찾지 못했기 때문일 것이다. 하지만 서로의 이름을 주고받는 일은 잊지 않았다. 그녀는 에이린이라 자신을 소개했고 나는 알버트라고 말했다.

그날 이후, 우리는 하루에도 두세 번씩 마주치곤 했다. 더 정확히 말하자면 우리는 학교 곳곳에서 서로를 찾아 두리번거렸다. 시내에서도 마찬가지였다. 때문에 가끔 시내 카페에서 마주치기도 했다. 우리는 만날 때마다 선 채로 대화를 나누었고, 대화 시간은 날이 갈수록 점점 더 길어졌다.

벤치나 잔디 위에 앉아 느긋하게 대화를 나눈다거나, 언제 다시 만나자며 약속을 잡는 일 없이 우리는 매번 헤어졌다. 그럴 필요가 없었기 때문이다. 우리는 곧 다시 마주칠 거였으니까.

>>>>

일주일 후, 우리는 다시 커피 자판기 앞에서 마주쳤다. 그러나 에이린은 평소와 달랐다. 놀랍게도 내게 생각지도 못한 제안을 해 온 것이다.

그녀는 수줍어했지만 동시에 단도직입적이었다. 아버지가 코펜하겐으로 출장을 간 며칠 동안 아버지의 차를 쓸 수 있게 되었다며, 월요일인 그날 당장 자신과 드라이브를 하자는 게 아닌가! 뿐만 아니라 '아주 긴 드라이브'를 하자고 강조까지했다. 말을 마친 그녀는 땅을 내려다본 후 살짝 고개를 들어 나를 쳐다보았다. 그녀의 눈동자에는 열성과 애원의 빛이 번갈아가며 발했고, 입가에는 신중함과 장난기가 섞인 의미심장한 미소가 흘렀다. 녹색 빛을 띤 맑은 빙하 같은 그녀의 눈동자가 반짝이는 것을 본 순간, 숨을 쉴 수 없을 정도로 먹먹해졌다. 동시에 알 수 없는 무기력감에 몸을 맡겨야만 했다. 대화다운 대화조차 제대로 나누어 본 적 없는 소녀가 수줍어하면서도 열성적인 태도로 그러한 제안을 할 것이라곤 생각지도 못했기 때문이다. 나는 주저하지 않고 그녀의 제안을 받아들였다. 비록 당시에는 사귀는 여자가 있었지만 개의치 않았다. 그녀의 이름은 마리안네였고, 나보다 한 살 많은 의대생이었다. 마리안네와의 관계에 이미 금이 가기 시작했다고 스스로를 설득함으로써 무거운 마음을 애써 떨쳐 냈다. 마음속에는 두 팔을 활짝 벌려 환호하고 있는, 혹은 너무 기뻐 공중제비를 도는 또 다른 내가 자리하고 있었기에⋯⋯.

나는 강의실에 들어간 후에야 그녀의 옷차림이 여느 때보다 평범하다는 것을 알아챘다. 그날 그녀는 낡은 청바지에 털실로 짠 빨간 스웨터를 입고 있었다.

이 드라이브는 틀림없이 그녀가 미리 계획한 일이었을 것이다.

강의에 집중할 수가 없었다. 강의 내용은, 청년들을 타락으로 이끌었다는 죄목으로 결국 사형을 당했던 철학자 소크라테스에 관한 것이었다고 기억한다. 우리는 강의가 끝나자마자 금방 공장에서 출고한 듯한 짙은 푸른색의 새 자동차 볼보 144에 올라탔다. 우리 앞으로 긴긴 하루가 기다리고 있었다.

　세상에 태어나 택시를 제외하고선 그처럼 좋은 차에 타 본 적이 없었다. 또한 이토록 매력적인 운전자가 모는 차도 처음 타 보았다.

　오후에는 번갈아 가며 운전대를 잡았다. 덕분에 나도 자동차의 마력을 직접 경험해 볼 수 있었다. 에이린은 내가 운전하는 동안 조수석에 등을 기대고 앉아 농담을 하며 큰 소리로 웃었다.

　일종의 전초전이라고나 할까? 우리는 먼저 그레프센콜렌 언덕과 홀멘콜렌 언덕을 차례차례 들렀다. 그곳에서 우리가 사는 시내를 한눈에 내려다볼 수 있었다. 그레프센콜렌을 찾았던 것은 에이린이 자랐던 동네를 보기 위해서였고, 홀멘콜렌을 찾았던 것은 내가 어렸을 때부터 그

지역에서 살았기 때문이다.

　인덕에서 내려온 우리는 정처 없이 차를 몰았다. 아무래도 좋았다. 우리는 쉴 새 없이 대화를 나누며 외스틀란데트(노르웨이의 오슬로를 포함한 동부 지방—옮긴이) 지역을 여기저기 돌아다녔다. 지난 십구 년이라는 세월 동안 서로 얼굴도 모르고 살다가 이제야 만났으니 얼마나 할 이야기가 많았을까? 그때까지 서로 공유하고 있던 기억과 경험이 하나도 없던 터라, 그 모든 것들을 한꺼번에 풀어놓는 데 정신이 없었다. 우리는 그날을 기준으로 함께 공유할 수 있는 순간과 기억들을 만들어 가기 시작했다. 그것은 훗날 서로에게 다시 설명하지 않아도 되는 기억들로 자리 잡게 된다.

　한번은 갓길에 차를 세우고 블루베리를 따기도 했다. 어색한 분위기 속에서 우리는 어느새 푸른 자동차에 몸을 기대고 입을 맞추기 시작했다. 하지만 거대한 트럭이 바로 우리 옆에 주차를 하는 바람에 그도 오래가지 못했다. 트럭 운전수는 우리에게 인사라도 건네려는 듯 경적을 울렸지만, 그것은 인사하기 위해서가 아니라 놀리기 위한 것임이 틀림없었다. 우리는 어떤 식으로든 트럭 운전수와

인사를 나누거나 친해지고 싶은 마음이 없었기에, 겁에 질린 작은 짐승들처럼 서둘러 차에 올라타 그곳을 빠져나왔다.

우리는 내륙 지방의 긴 피오르를 따라 달렸다. 아마 이 글을 읽는 너희들도 그 길에 대해 잘 알 것이다. 당시 그 길은 우리에게 낯설었기에 마치 신대륙에 처음 발을 들이는 탐험가처럼 들뜬 마음으로 차를 몰았다.

시간이 흐를수록 차를 세우거나 샛길로 들어가는 일은 점점 줄었다. 그 이유는 지금도 기억할 수 없다. 한참을 달리던 우리는 오랫동안 사람의 발길이 닿지 않은 듯한 황폐한 오솔길을 발견했다. 그 입구에는 '크링글렌'이라는 표지판이 세워져 있었다. 오솔길 끝에도 누가 손으로 직접 만든 듯한 조악한 팻말이 서 있었고, 팻말에는 화살표와 함께 '글리트레 호수'라고 적혀 있었다.

"반짝이는 호수! 글리트레라는 것은 반짝인다는 뜻이야!"

우리는 호수 이름이 매혹적이라 생각했다. 크리스티안, 유네, 사라. 우리는 그날 처음 '반짝이는 호수'를 보았단다. 너희들이 태어나기도 훨씬 전의 일이었지.

우리는 숲 언저리에 차를 세웠다. 차에서 내린 나는 이리저리 손을 흔들면서 후진하는 에이린을 도왔다. 우리는 그 일을 여러 번 해 본 것처럼 유연하고 정확하게 차를 주차했다. 어쩌면 우린 이미 무의식적으로 알고 있었는지도 모른다. 그곳에 차를 세우는 일이 마지막이 아니라는 것을.

우리에겐 먹을 것도 마실 것도 없었고 심지어 여분의 옷도 없었다. 그럼에도 불구하고 우리는 차에서 내려 정처 없이 발을 옮겼다. 서로 말은 하지 않았지만 우리는 '반짝이는 호수'를 찾기 위해 걸었던 것이다.

때는 늦은 여름이었고 9월 둘째 주쯤이라고 기억한다. 화창한 오후 햇살에 익숙했던 우리는 밤에 기온이 뚝 떨어질 것이라고는 꿈에도 생각지 못했다. 나는 하얀 단추가 달린 얇은 데님 셔츠만 입고 있었고, 에이린은 강렬한 색의 립스틱 또는 가을의 붉은 석양을 연상시키는 빨간 스웨터만 입고 있었다.

음식? 우리는 서로를 알아가는 일에만 고팠을 뿐이었다. 게다가 목이 마르면 호수의 물을 마음껏 마시면 되니까 문제 될 건 하나도 없었다. 팻말에는 '반짝이는 호수'까지 삼 킬로미터를 더 가야 한다고 적혀 있었다.

길은 가파르고 험하기 그지없었다. 우리는 숨을 헐떡이며 오르막길을 올랐고 약 한 시간 후에 호숫가에 도착했다.

햇살에 반짝이는 숲속의 호수가 정말이지 무척 매혹적이었다. 호숫가에는 빨간색으로 페인트칠이 된 작은 오두막과 흰색으로 페인트칠이 된 작은 창고 건물이 나란히 서 있었다. 그리고 물가에는 한 쌍의 노와 함께 작은 나룻배 한 척이 정박되어 있었다.

우리는 주변을 둘러보았다. 활짝 트인 고원에는 자작나무가 무성했다. 해발고도는 약 육칠백 미터 정도 되는 것 같았고, 북서쪽으로는 높다란 산이 자리하고 있었다.

햇살은 여전히 뜨거웠다. 우리는 가파른 언덕길을 올라오느라 땀에 흠뻑 젖은 옷을 벗어던지고 호수 속으로 첨벙 뛰어들었다. 전혀 낯설지 않았다. 오히려 고향에 온 듯 자연스럽기만 했다. 어쩌면 우리는 먼 훗날 그것이 우리의 호수가 될 것이라는 사실, 우리 중 한 명이 '동화 속의 집'이라고 불렀던 그 빨간 오두막이 수년 후에 우리의 오두막이 될 것이라는 사실을, 그때 이미 어렴풋이 짐작했을지도 모른다.

호수에서 헤엄치며 더위를 식힌 우리는 큰 소리로 웃음을 터뜨리면서 뭍으로 올라왔다. 그리고선 머리에 묻은 물기를 털고 주섬주섬 옷을 입기 시작했다. 동시에 수줍음도 다시 우리를 찾아왔다. 하지만 당시 히피적인 삶이 유행이었기에 옷을 벗었다는 것을 부끄러워하는 게 오히려 더 부끄러운 일이었다. 때문에 우리는 수줍은 티를 내지 않으려 무진 애를 썼다. 서로에게 눈길을 주지 않기 위해 태연자약한 태도를 유지했다. 하지만 나는 가끔 그녀 몰래 곁눈질을 던지기도 했다. 그녀의 몸을 보는 순간 나는 정신이 아득해졌다.

해가 저물기 시작했다. 호수의 표면은 여전히 햇살을 안고 반짝였지만, 우리가 도착했을 때와는 달리 황금빛을 머금고 있었다.

우리는 해가 저물기 전에 차로 되돌아가야 한다는 생각을 전혀 하지 못했다. 대신 나룻배를 타고 노를 저어 호수 안쪽으로 들어갔다. 서로 거의 아무 말도 하지 않았기 때문에 노 젓는 소리가 침묵을 타고 더욱 크게 들려왔다. 노의 넓적한 부분이 수면을 내려치는 소리가 넓게 울려 퍼졌다. 그렇다. 우리가 노 젓는 일에 익숙지 않았다고 고백해야겠다.

더 이상 에이린과 나눌 말이 없었다. 그도 그럴 것이 우리는 서로를 알게 된 지 일주일밖에 지나지 않았으니까. 하지만 이상하게도 이미 전 생애를 통틀어 함께 살아왔다는 느낌을 지울 수가 없었다. 어쩌면 앞으로 남은 생 또한 함께 살아갈 것이라는 것도 은연중에 알고 있었는지 모른다. '반짝이는 호수'에서 몰래 나룻배를 훔쳐 탔던 날, 우리는 바로 그런 생각에 몸을 맡겼다.

뭍으로 돌아온 후에도 우리는 말을 거의 주고받지 않았다. 다만 묵직한 그림자가 우리에게 드리워졌는데, 특히 에이린의 표정이 심각하다 못해 슬퍼 보이기까지 했다. 나룻배를 동아줄로 고정시키는 동안 해는 어느새 서쪽 수평선 아래로 사라져 버렸고, 호수는 갑자기 어둑어둑해졌다.

왜 그런 생각을 했는지는 알 수 없지만, 나는 그때 호수가 매우 깊을 것이라고 생각했다.

누군가 '동화 속의 집'에 몰래 들어가 밤을 보내자고 제안했다. 둘 중 누가 먼저 그 말을 했는지 모르겠다. 우리의 처지는 어린아이들이 밤에 길을 잃고 헤매는 거나 마찬가지였기에, 오두막에 들어가 쉬자는 제안은 꽤 그럴듯하게 들렸다.

나는 오두막 안에 배를 채울 수 있는 음식도 있을 것이라고 말했다. 아니, 그녀가 한 말인지도 모르겠다. 누가 먼저 제안했든 나머지 한 명도 그 제안을 따랐고, 우리는 기대로 가득 찬 어린아이들처럼 즐거워 어쩔 줄 몰라 했다. 어느새 우리는 어색한 침묵의 벽을 깨고 재잘거리며 신나게 이야기를 늘어놓기 시작했다.

오두막에 들어가기 전, 우리는 장작이나 갖가지 연장을 보관해 둔 작은 창고의 문을 열어 보았다. 그 창고는 지금 '헛간'이라고 부르는 바로 그 장소였다. 거기서 꺼낸 쇠지레로 '동화 속의 집' 대문을 여는 동안 그녀와 눈이 마주쳤다. 그때 우리의 눈빛은 이렇게 말하고 있었다.

'우리 미쳤나 봐! 도대체 지금 우리가 뭘 하고 있는 걸까?'

날이 점점 어두워지기 시작했다. 추분이 며칠 남지 않은 날씨였다. 오두막 안이라 추위는 피할 수 있었지만, 무슨 일이 일어날지 전혀 짐작할 수 없었기에 조금 불안했던 것도 사실이었다. 예를 들어 오두막 주인이 언제 들이닥칠지 모르겠다는 것?

우리는 두리번거리며 컴컴한 거실을 살펴보았다. 나는 벽난로에 무릎을 부딪쳤고, 에이린은 낡은 흔들의자에 부딪쳐 비명을 지르며 넘어지기도 했다. 그렇게 한참을 서성이다가 창틀에 있던 성냥갑을 찾아냈고, 간신히 양초 네 개에 불을 붙일 수 있었다.

뜨거운 여름 햇살에 종일 달구어진 나무 오두막은 온실처럼 무더웠다. 창문만 열 수 있다면 더 바랄 게 없었겠지만, 지나가던 사람들이 우연히 오두막 안을 들여다볼까 봐 차마 창문을 열지는 못했다. 때문에 우리는 호수 쪽으로 난 작은 서쪽 창 하나만 열어 놓는 것으로 만족해야 했다.

지금 나는 바로 그 자리에 앉아 이 편지를 쓰고 있다.

오두막에는 세 개의 넓다란 공간이 있었다. 일층에는 꽤 널찍한 거실이 있었는데 그곳에는 소파와 탁자, 안락의자 및 육인용 식탁이 자리하고 있었다. 거실 옆에는 식사 공간을 포함한 작은 부엌이, 비좁은 계단으로 이어진 이층에는 침실이 나란히 있었다. 이층은 일층과 비슷한 크기였지만 비스듬한 지붕 때문에 양쪽 천장이 눈에 띄게 기울어져 좁은 듯한 느낌이 들었다. 하지만 붉은색으로 칠한 커다란 나무 침대 세 개와 푸른색으로 칠한 서랍장을 놓기에는 충분했던 것으로 기억한다.

내가 호숫가에서 물을 떠 오는 동안, 에이린은 부엌의 구식 오븐에 장작을 넣고 불을 피우기 시작했다. 이것 외에 음식을 만들 수 있는 다른 방법은 없었으니까. 우리는 냄비에 물을 부어 불을 지핀 오븐 위에 올려놓았다.

누가 먼저라고 할 것도 없이 우리는 부엌 찬장을 뒤져 먹을 것을 찾기 시작했다. 찬장 속에서 인스턴트커피와 비스킷, 다크초콜릿을 찾아낸 우리는 안도의 한숨을 내쉬었다. 에이린은 거기서 그치지 않고 쌀 한 봉지와 포장지 겉면에 '바이킹밀크'라고 적혀 있는 전지분유 한 통도 찾아냈다. 그 순간 에이린은 눈을 반짝이며 환한 표정으로 "쌀죽!"이라고 외쳤다.

잠시 후, 우리는 식탁에 촛불 두 개를 켜고 마주 앉아 설탕과 계피를 뿌린 쌀죽을 먹기 시작했다. 호수에서 길어 온 물과 과즙을 섞은 블루베리주스도 있었기에 부족한 것은 하나도 없었다. 부자가 된 듯한 여유로움까지 느낄 정도였다. 비록 당시 상황은 '동화 속의 집'에 침입해 음식을 훔쳐 먹었던 것에 불과했지만 말이다.

빨간 스웨터를 입고 금지된 쌀죽을 먹는 갈색 머리의 에이린을 보는 순간, 나는 무슨 생각에선지 "골디락스!"(영국의 동화 『골디락스와 곰 세 마리』에 나오는 금발 머리 소녀 – 옮긴이)라고 외쳤다.

그녀는 마치 옛날 동화 속에서 방금 빠져나온 것 같은 모습을 하고 있었으니까.

알다시피 나는 그 후에도 에이린을 '골디락스'라고 부르곤 했다. 하지만 왜 이런 애칭을 붙였는지는 비밀에 부쳐왔다. 그건 에이린의 머리 색깔 때문이 아니라 그녀가 먹었던 죽 때문이었다. 게다가 우리는 동화 속의 이야기처럼 숲속의 오두막에 몰래 들어와 이미 침실까지 둘러본 후였으니까.

작은 걸상에 앉아 있던 나는 에이린에게 다가갔다. 그러고선 동화 속에 나오는 곰 중에서도 가장 크고 무서운 곰 흉내를 냈다. 그때의 속내를 솔직하게 말하자면, 나는 오직 에이린을 다락방으로 데려가고 싶은 마음뿐이었다. 더는 기다릴 수가 없었다. 하지만 그녀는 전혀 무서워하지 않았다. 심지어 같잖다는 듯 짐짓 미소를 짓기까지 했다. 나는 최대한 난폭하고 무시무시한 곰 흉내를 내려 애썼는데도…….

그런데 갑자기 쌀죽 앞에 앉아 있던 그녀가 내 품으로 파고들었다. 열정적으로 숨을 들이쉰 그녀가 나직한 목소리로 속삭였다.

"음…… 딱 적당해!"

우리는 식탁 위의 양초 불을 끄고 긴 양초 하나만 손에 든 채 조심스럽게 거실로 나갔다. 오두막에는 우리밖에 없었기에 발소리를 죽일 필요가 없었다. 그럼에도 불구하고 우리는 마치 우아하게 파드되(발레에서 남녀 한 쌍이 추는 쌍무로 '두 사람의 춤'을 의미함 – 옮긴이)를 추는 무용수처럼 살금살금 걸었다.

우리는 이층 침실로 올라가 방마다 돌아다니며 세 개의 침대 위에 한 번씩 누워 보았다. 몇 시간 후, 우리는 그중에서 적당히 딱딱하고 적당히 부드러운 침대 위에 누워 함께 이불을 덮고 잠에 빠졌다. 세 개의 침대 위에 차례차례 누워 보는 동안, 호숫가에서 에이린을 바라보며 느꼈던 어지러울 정도의 사랑이 되살아났다.

　잠들기 직전, 에이린은 피곤함과 애정이 섞인 손짓으로 내 머리를 쓰다듬으며 이 오두막은 정말 '동화 속의 오두막' 같다고 나직이 말했다.

-->>>

　바람을 쐬기 위해 잠시 밖으로 나왔다. 오두막 주변은 어두컴컴했지만 서쪽 하늘에는 여전히 불그스름한 석양빛이 남아 있었다. 그 빛은 마치 십 년 전부터 존재했던 복슬복슬한 빨간 스웨터가 우리에게 보내는 아득한 인사처럼 느껴졌다.

　그리고 컴컴한 호수의 수면은 왠지 모르게 슬픔을 담고 있는 것 같았다. 호수에는 우리가 이해할 수 없는 그 무언가가 담겨 있었다. 어찌 보면 그것은 모순과 역설이었다. 낮에는 푸르게 빛을 발하며 생명력을 내뿜지만, 밤이 되면 어둠을 품고 우리를 위협하니까. 나는 그 호수가 이 세상의 모든 것을 빨아들이는 깊고 강렬한 블랙홀 같다는 생각도 했다.

아마도 꽤 오랜 시간 글을 쓴 모양이었다. 글을 쓴 건 오른손이었지만 이상하게 왼손이 뻣뻣하게 저렸다. 아픈 왼손을 흔들어 통증을 떨쳐 보려 했지만 별 도움이 되지는 않았다. 불과 몇 주 만에 왼손은 가냘프고 힘없이 변해 버렸다.

겨울이 시작될 무렵, 마리안네를 찾아간 적이 있었다. 왼손 손가락이 뻣뻣해져서 움직일 수조차 없었기 때문이다. 마리안네는 몇 가지 혈액검사를 한 후에 뇌와 척추의 MRI 검사 소견서도 전해 주었다. 검사 결과는 정상이었다. 그러나 그녀는 단정하기엔 이르지만 파킨슨 증후군일 가능성도 있다며 내게 신경과 전문의를 찾아가 보는 게 어떻겠냐고 했다. 나는 다음 날 오전, 바로 국립 병원을 찾아갔다.

에이린도 기억할 것이다. 적어도 이 편지를 읽다 보면 기억이 떠오르리라.

이제 에이린과의 발자취가 겹치지 않는 부분을 끄집어 낼 때가 된 것 같다. 에이린이 떠나 있는 동안, 우리에게 무슨 큰일이 닥칠 거라고는 전혀 예상할 수 없었다. 걱정 거리도 없었다. 게다가 나는 건강검진을 받으면서도 내게 심각한 병이 있을 거라고 전혀 생각하지 않았다. 더욱이 에이린이 당분간 집을 떠나 있을 예정이었으니 즐겁고 행복한 이야기만 해도 모자랄 지경이었다. 이를테면 에이린이 오스트레일리아에서 돌아오는 날로부터 이틀날, 두 살이 되는 사라에게 생일 선물로 무엇을 사 줄까 하는 그런 이야기들.

지나가듯 에이린에게도 국립 병원의 검사결과가 곧 나올 것이라는 말을 했던 기억이 어렴풋이 난다. 그리고 바로 오늘, 마리안네에게서 연락이 왔다…….

이제 나는 모든 것을 홀로 받아들여야 할 때가 온 것 같다. 어떤 면에선 오히려 후련하다는 생각도 든다. 일종의 자유라고나 할까? 오롯이 나 홀로 해야 하는 결심이라 이런 마음이 드는 것 같기도 하지만, 우리 가족 다섯 명 모두가 받아들여야 하는 결과라고 생각하면 이러한 사실이 또 무겁게 다가오기도 한다.

낯선 미래를 향해 앞으로 나아갈 때면, 예측 불가능한 이 시간들이 너무 느리게 가는 것 같다. 하지만 과거를 돌이켜 보면 시간은 너무 빨리 흘러서 현재로 성큼성큼 걸어온 거나 다름없었다.

미래지향적인 삶을 산다는 것은 필히 우유부단한 태도를 동반한다. 결단을 내리지 못해 주저하는 일이 자주 생긴다는 의미다. 중요한 기회나 가능성을 눈앞에서 놓치기 싫어하는 인간 본연의 모습이라 해도 좋겠다. 때문에 우리는 항상 좌우를 둘러본다. 물론 가끔씩 즉흥적인 선택을 내리기도 하지만.

반면 과거를 돌아볼 때는 그렇지 않다. 지난 일을 돌아보는 사람들의 눈빛에서 우유부단함이나 주저함은 찾아볼 수 없다. 과거의 기억은 이미 윤곽을 갖춘 삶의 발자취를 따라 움직일 뿐이니까.

처음 오두막을 발견한 날로부터 십여 년이 지난 어느 날, 그 오두막에 다시 들를 일이 생겼다. 그즈음 에이린과 나의 관계는 그다지 좋지 않았다. 크리스티안이 초등학교에 입학하던 그해 여름이었다고 기억한다.

그렇게 하루하루를 지내던 어느 날, 우리는 신문의 부동산 광고에서 바로 그 숲속의 오두막 사진을 보았다. 주인이 오두막을 팔기 위해 내놓은 것이다.

나는 지금과 마찬가지로 고등학교에서 영어와 역사를 가르치고 있었고, 해양생물학을 전공했던 에이린은 당시 노르웨이 국립 수자원 연구소에서 연구원으로 일하고 있었다. 나는 그녀가 생물학을 전공했던 이유가 바로 '반짝이는 호수'에서 영감을 얻었기 때문이라고 자주 놀렸다.

우리는 부동산 중개업자에게 전화를 했다. 그는 오두막 주인의 전화번호를 주며 직접 문의해 보라고 했다.

아직도 그 통화를 잊을 수가 없다!

부동산 중개업자에게 전화를 했던 사람은 에이린이었다. 나는 그녀의 허리를 감싼 채 뒤에 서 있었기에 전화기에서 들려오는 통화 내용을 모두 엿들을 수 있었다.

에스페가르드! 그렇다. 그의 이름은 크눗 에스페가르드였다.

그가 길을 설명하는 동안, 에이린은 아무것도 모르는 척 그의 말이 끝날 때까지 잠자코 기다렸다. 그는 국도에서 벗어나 크링글렌까지 오는 방법과, 숲 가장자리에 차를 주차한 후 '반짝이는 호수' 옆에 자리한 빨간 오두막으로 오는 방법을 자세히 알려 주었다. 그는 오두막에 이르는 오솔길은 단 하나뿐이며 찾기에 그리 어렵지 않을 것이라고도 덧붙였다.

그는 오두막에 이르는 가파른 오르막길이 마치 자신의 잘못이라도 되는 양 미안해했다. 에이린은 우리가 운동으로 단련되어 있기에 크게 문제되지 않을 것이라며 상냥하게 대답한 동시에, 나를 곁눈질로 흘낏 바라보며 한쪽 눈을 깜박거렸다.

그녀는 우리가 이전에도 그 오르막길을 오른 적이 있다는 사실을 입 밖으로도 꺼내지 않았다.

무더운 어느 여름날, 우리는 크리스티안과 함께 오두막을 찾았다.

그때 이미 크리스티안에게 숲속의 오두막을 구매할지도 모른다고 말했던 것 같다. 오두막 옆의 호수에는 작은 나룻배가 있고, 어쩌면 그 오두막 이름이 '동화 속의 오두막'일지 모르겠다는 말까지도. 우리가 오두막 주인을 만나러 갔던 당일에도 그런 말을 했는지는 기억할 수 없다. 그동안 에이린과 나는, 우리가 과거에 그 오두막에서 사랑을 꽃피웠다는 이야기를 해마다 주고받았다. 하지만 그해는 우리가 이 이야기를 전혀 하지 않은 첫 번째 봄을 지난 때였다. 짧은 순간이긴 하지만 우리는 당시 조금 짜증스러운 삶을 살았던 것이 사실이다.

오두막을 보러 가던 날, 에이린은 마치 의식을 치르듯 옷장 깊숙한 곳에 넣어 둔 빨간 스웨터를 꺼내 입었다. 그때 이후로 본 적이 없는 스웨터였다. 당시 우리는 캄펜에 있는 매우 조그마한 집에서 살고 있었는데 그 스웨터가 여전히 말짱한 모습으로 존재한다는 것을 알고 나서 솔직히 좀 놀랐다.

우리는 십 년 전과 마찬가지로 볼보를 타고 크링글렌에 도착했다. 장인어른이 신형 아우디를 사며 우리에게 낡은 볼보를 물려주었기 때문이다. 더 정확히 말하자면 그 차는 진들딸기잼과 바꾼 셈이었다. 당시 진들딸기 수확 철을 앞두고 있었고, 에이린은 십 년 전 호숫가 근처에서 진들딸기가 많이 자라고 있었다는 것을 기억해 냈다. 우리는 훗날 그 진들딸기로 잼을 만들어 보답했기에 볼보를 미리 매우 싸게 손에 넣은 거나 다름없었다.

그곳으로 가는 길은 잊지 못할 여정이었다. 크리스티안을 앞세워 약 두어 시간 동안 숲속의 오솔길을 걸었다. 우리는 이미 마음의 준비가 끝나 있었다. 미래를 위한 가치 있는 선택이었으니까.

날씨가 따스했기에 우리는 얇고 가벼운 옷을 입고 있었다. 길가에는 투구꽃과 제라늄이 무리를 지어 활짝 피어 있었고, 호박벌들은 보라색 꽃 사이를 바쁘게 날아다니며 수분 작업에 열심이었다. 발을 딛지도 못할 만큼 가득 핀 고사리와 블루베리 덤불을 지나자 버터컵이라고도 불리는 노란 미나리아재비가 나타났다. 크리스티안이 에이린의 코밑에 꽃다발을 들이대며 진짜 버터 냄새가 나는지 맡아 보라고 했던 것도 기억난다.

그러한 자연 속을 일곱 살짜리 아이와 함께 거닌다는 것은, 겨울 내내 외양간에 가두어 놓았던 송아지들을 여름 목초지에 풀어놓는 것과 마찬가지였다. 에이린과 나는 함께 앞서거니 뒤서거니 하며 발을 옮겼다.

십 년 전의 엄마와 아빠처럼 신이 난 크리스티안은 한

순간도 멈추지 않고 재잘대며 걸었다. 다리가 아프다며 안아 달라고 보채지도 않았고, 가파른 오르막길을 오를 때도 불평 한마디 하지 않았다. 우리는 오솔길을 앞장서서 걷는 크리스티안에게 '우리 가족의 길잡이'라는 별명을 붙여 주기도 했다.

숲속의 오두막에 처음 갔던 그날을 크리스티안도 기억할까?

우리는 마침내 빨간 오두막 앞에 당도했다. 십 년 만의 일이었다!

십 년이라는 세월은 어떻게 정의할 수 있을까?

그날 우리는 열아홉 살이었던 십 년 전이 마치 일주일 전처럼 느껴진다고 말했다.

만약 시간이 우리 삶의 일부분이 아니라면, 우리는 과거를 기억할 수 없었겠지만 다행히도 그렇지는 않았다. 열정 넘치던 과거의 젊은 우리는 온갖 일을 했고, 시간이 흐른 후에는 과거 연인에 관한 이야기를 각자의 동반자에게 털어놓았다.

내 경우엔 그러한 사람이 바로 마리안네라고 할 수 있

었다. 과거에 사귀었던 사람이 마리안느뿐이었으니까. 하지만 나는 에이린의 전 남자친구 이름도 기억하지 못한다. 그의 존재는 내게 아무런 의미도 지니지 못했으니까.

어쨌든 에이린과 나는 가정을 이루었고 다시 그 옛날의 오두막을 찾게 되었다.

오두막의 문을 두드려 보았지만 인기척이 없었다. 문이 조금 열려 있었기에 우리는 용기를 내어 안으로 들어갔다.

통나무 벽으로 장식된 거실에 발을 딛는 순간, 마치 마법에 걸린 것만 같았다. '동화 속의 오두막.' 그곳은 십 년 전과 마찬가지로 텅 비어 있었다!

주인은 어디 있을까?

서쪽 창문으로 눈을 돌렸다. 처음으로 에이린과 함께 오두막에 들어왔을 때 바깥의 동정을 살폈던 창이기도 했다. 그리고 나는 지금 그 창문 앞에 앉아 글을 쓰고 있다. 창밖을 살펴보니 한 남자가 나룻배를 타고 뭍으로 오고 있었다. 우리는 잽싸게 크리스티안을 데리고 오두막 밖으로 나와 그를 맞이하러 길을 내려갔다.

오두막 주인의 허락도 받지 않고 두 번이나 몰래 들어

갔던 사실이 적잖이 마음에 걸렸다. 더욱이 일곱 살짜리 아이와 함께 있는 경우라면 우리의 비밀이 곧 밝혀지고 말 거라는 생각도 들었기에 불안하기 짝이 없었다. 어린 아이는 어른들보다 훨씬 솔직하고 대체로 입도 가벼운 편이니까…….

오두막 주인은 우리보다 나이가 좀 더 들어 보였다. 그는 크리스티안에게 가장 먼저 인사를 건넸다. 그 모습을 보니 그에게도 아이가 있다는 것을 짐작할 수 있었다.

어쩐 일인지 그가 전혀 낯설지 않았다. 언젠가 만난 적이 있는 사람 같기도 했다. 그는 미소를 띠며 깊은 눈동자로 우리를 찬찬히 살펴보았다. 훗날 에이린은 그의 눈동자 색깔이 코발트블루라고 말했다. 나는 기억하지 못했기에 에이린의 말에 반박할 수 없었다.

그해 초여름, 에이린과 나의 관계가 소원해지기 시작했다. 대화를 거의 나누지 않았던 우리는 관계를 호전시키기 위해 어느 일요일 '모둠 블로파르베'라는 공장에서 드라이브를 하기도 했다. 그곳은 1800년대에 중국과 일본을 비롯해 전 세계에서 사용되는 코발트블루 물감을 제조하던 곳이었다. 중국 도자기의 푸른색이 그 옛날 노르웨이의 한 작은 도시, 부스케루드의 광산에서 생산한 코발트에 한동안 의존했다는 사실을 떠올리니 좀 이상했다.

우리는 호수와 오두막 사이에 서서 뭍으로 올라오는 그를 기다렸다. 그는 오두막 근처가 매우 조용한 곳이라고, 지나다니는 사람이 거의 없을 정도라고 말했다. 하지만 사슴과 엘크, 여우와 산토끼, 그리고 족제비와 수달은 거의 매일 볼 수 있다고 덧붙였다.

우리는 오두막을 향해 함께 걷기 시작했다. 그가 내놓은 것은 호수가 아니라 오두막이었으니까. 오두막에 딸린 땅이 꽤 넓었던 것으로 기억한다.

그의 이름이 크눗이었던가? 기억이 가물가물하다. 어느새 나는 오두막 대문에 과거 우리가 냈던 작은 자국을 손가락으로 문질러 보고 있었다. 그러자 그가 눈을 번쩍 치켜뜨며 오두막에 도둑이 든 적이 있었다고 말했다. 대문에 난 자국은 아마 그때 생긴 것 같다고도. 솔직히 그 자국은 눈에 띌 만큼 크지 않았다.

그는 십 년 전쯤의 일이라며 이야기를 시작했다. 짐작건대 오두막에 몰래 들어왔던 사람은 틀림없이 두 명일 것이라고도 말했다. 도둑들이 부엌 찬장에 보관해 두었던 음식을 먹고 침대를 사용했던 점으로 미루어 봤을 때, 하룻밤 묵을 곳이 필요했던 것 같다고 했다. 그러면서 오두막에 있던 다른 물건에는 전혀 손을 대지 않았다는 말도 덧붙였다.

나는 죄책감에 휩싸였다. 그런 내 감정을 알아챈 에이린은 평생을 가도 거짓말을 못할 사람이라며 나를 몰아세우기도 했다. 에이린은 죄책감 때문에 어쩔 줄 몰라 하는 나와 오두막 주인 사이에 서서, 뻔뻔스럽게도 십 년 전 오두막에 몰래 들어왔던 이들의 행동이 매우 잘못된 것이라고 강조해 말했다.

오두막 주인은 어깨를 으쓱 추켜 보이며, 사실 그것은 사소한 일에 불과하다고 했다. 그는 도둑들이 오두막에 들어와 밤을 지내고 음식을 먹은 대가로 오십 크로네 한두 장을 놓고 갔더라면 좋았을 것이라고 했다. 그들이 대문에 자국을 낸 점이나, 음식을 먹은 후 접시나 컵 등을 씻지도 않고 사라진 것은 오두막 주인으로서 꽤 기분이 상했다고 했다.

에이린은 그 말에 정곡이 찔린 듯 움찔했다. 그녀는 평소 뒷정리하지 않는 사람을 거의 혐오하듯 바라보곤 했다. 하지만 우리 입장에서 말해 보자면 당시 헛간 쪽에서 무슨 소리가 들려온 것 같았고 그래서 서둘러 그곳을 빠져나올 수밖에 없었다. 누군가가 오두막 앞을 서성이는 것 같아 갑자기 두려워졌기 때문이다.

불꽃처럼 빨간 스웨터 속에서 그녀의 몸이 찔끔 움직이는 것을 보았다. 에이린은 그날 오두막에서 설거지를 하지 않고 도망치듯 빠져나왔던 것을 절대 잊을 수 없는 모양이었다.

차로 되돌아가는 길에, 크리스티안은 귀를 쫑긋 세우고 우리의 대화에 귀를 기울였다. 크리스티안은 우리가 숲속의 오두막을 살 것인지 매우 궁금해했다. 하지만 그보다 더 궁금해한 것은 오두막 주인이 이야기했던 십 년 전의 일이었다. 크리스티안은 도둑들에 관한 이야기를 더 듣고 싶어 했다.

"도둑들은 결국 붙잡혔나요? 그들은 매우 위험한 사람들이었나요? 만약 그들이 다시 오면 어떡하죠?"

지금 이 글을 읽고 있는 사람들에게 작은 부탁을 하고

싶다. 그때 우리가 왜 도둑들의 정체를 크리스티안에게 솔직히 말할 수 없었는지에 대해 너그러이 이해해 달라고 말이다. 그렇다. 십 년 전 '동화 속의 오두막'에 몰래 들어 갔던 도둑들은 바로 크리스티안의 엄마와 아빠, 즉 에이 린과 나였으니까. 사람들이 흔히 말하는 불량소년의 시절 을 우리 또한 보낸 적이 있었다고 크리스티안에게 솔직하 게 말하기가 쉽지 않았다. 언젠가 꼭 말해야겠다는 생각 은 했지만 시간이 지나면 지날수록 입을 떼기가 더 어려 워졌다. 크리스티안은 점점 자라났고 그럴수록 우리의 침 묵은 점점 깊어졌다. 크리스티안과 유네가 결혼을 한 뒤 에는 너무 늦은 감이 없지 않았다. 때문에 우리의 침묵은 사라가 태어난 후에도 계속 이어졌다.

한번 시작된 침묵과 회피는 수 세대를 거쳐 내려가고, 항상 그래 온 것처럼 자연스럽게 느껴지기 마련이다.

그래서 이 글이 바로 그러한 규칙을 깨는 예외가 될 수 있지 않을까 싶다. 나는 지금 내 삶의 가장 크고 중요한 일을 앞두고 있기에 그 어떤 것도 숨기고 싶지 않다.

세월이 흐른 후 에이린과 나는, 우리가 오두막을 싸게

살 수 있었던 이유는 도둑이 들었던 적이 있다는 바로 그 이야기 때문일지도 모른다고 농담을 나누기도 했다. 물론 대문에 난 자국 때문이 아니라 그 고적한 숲속의 오두막에 다시 도둑이 들지도 모른다는 걱정 때문이었을 것이다. 그런 일들은 오두막의 가치를 떨어뜨리기에 충분하니까.

오두막 주인이 신문에 광고까지 내긴 했지만 막상 오두막을 사려고 그곳을 둘러보았던 사람은 우리밖에 없었다고 했다. 만약 경쟁자가 있었더라면 우리는 시장 가격의 두 배를 지불해서라도 그 오두막을 사려 했을 것이다. 비록 우리는 당시 학자금과 주택 융자를 갚아 나가고 있던 시기였기에 경제적으로 그다지 넉넉하진 않았다. 하지만 먹고사는 데는 큰 어려움이 없었으므로 무슨 일이 있더라도 그 오두막을 샀을 것이다. 그만큼 그 작은 오두막은 우리에게 매우 특별한 가치가 있는 곳이었다. 다른 사람들에게는 오두막에 그만큼의 가치를 부여할 이유가 없었을 것이다.

솔직히 돈으로만 따진다면 오두막의 가치는 더 높을 수도, 더 낮을 수도 있었다. 건물 자체만 본다면 매우 비싸게 구입했다는 생각이 들었지만, 에이린은 우리가 오두막을 거저 얻었다고 할 정도로 싸게 샀다고 주장했다. 그녀는 오두막에 딸린 널찍한 땅을 간과할 수 없다고 말했다. 오두막 앞에 있는 호수를 염두에 두고 했던 말이라 짐작했지만 그녀는 끝까지 인정하지 않았다. 시간이 흐른 후 다시 그때를 돌이켜 본 우리는, 오두막의 가격이 딱 적당했다고 입을 모으게 되었다.

오두막을 사는 일은 시기적으로도 매우 적절했다. 그해 여름, 우리는 오두막 구입을 계기로 새 출발을 했다 해도 과언이 아니었으니까.

그해 에이린과 나는 몇 달 동안 거의 얼굴도 못 본 채 살고 있었다. 물론 저녁이 되면 함께 식탁에 둘러앉아 크리스티안에게 오늘은 유치원에서 무슨 일이 있었는지 돌아가며 물어보긴 했지만 우리 둘다 무척 의무적이었다. 우리는 저녁이 되면 하루걸러 한 번씩 크리스티안을 돌봤고, 그럴 때면 다른 한 사람은 밖으로 나가 홀로 시간을 보내곤 했다.

에이린은 당시 현미경과 시험관에 푹 빠져 있었고, 나는 내 일에 빠져 있었다. 하지만 숲속의 오두막을 구입한 후 우리 관계는 다시 좋아지기 시작했다. 서로 얼굴을 마주하며 함께 시간을 보내는 날도 더 많아졌다.

오두막을 구입했던 날, 나는 에이린에게 연구를 할 수 있는 개인 호수가 생겨서 축하한다고 말했다. 나 또한 내가 사용할 작은 작업실을 오두막 안에 꾸리기 시작했다.

마침내 우리 소유가 된 오두막에서 처음 밤을 보냈던 날을 아직도 잊을 수가 없다. 우리는 그날을 축하하기 위해 샴페인을 마셨다. 특별히 좋은 샴페인은 아니었지만 병은 엄청나게 컸던 것으로 기억한다.

우리는 십 년 전에 있었던 일을 떠올리며 함께 웃음을 터뜨리기도 했다.

노르넨(북유럽 신화에 나오는 운명과 예언의 여신. 세 자매 여신으로, 각각 과거, 현재, 미래를 맡아본다고 한다 - 옮긴이)이 엮었던 운명의 실 덕분인지, 마침내 우리는 그 오두막을 소유할 수 있게 되었다. 문득 과거, 현재, 미래는 우리가 이해할 수 없는 어떤 높고 전지전능한 존재에 의해 결정되는 게 아닌가 하는 생각도 든다.

모든 것이 이상했지만 기분은 말할 수 없이 좋았다. 우리가 서로 얼굴을 마주보며 큰 소리로 웃었던 것은 몇 달

만에 처음 있는 일이었으니까.

우리가 왜 그 오두막을 '동화 속의 오두막'이라 불렀는
지 크리스티안은 단 한 번도 이유를 묻지 않았다. 하긴 우
리가 그 오두막을 처음부터 '동화 속의 오두막'이라 불렀
기 때문에, 크리스티안은 그것이 명칭인 줄 알고 당연하
게 여겼을지도 모른다. 하지만 부동산 문서에는 분명히
'글리트레비크'라고 기록되어 있었다.

나와 에이린이 세상을 떠나면 크리스티안이 오두막을
물려받을 것이다. 그날이 오면 크리스티안은 우리가 왜
이 오두막을 '동화 속의 오두막'이라 불렀는지 궁금해할
것이다. 내가 만약 마지막이 될지도 모르는 이번 방문의
끝머리에, 이 글을 오두막에 남겨 놓는다면, 크리스티안
은 여기에서 그 대답을 찾을 수 있을 것이다.

글을 쓰고 있는 지금 이 순간 밖은 칠흑처럼 캄캄하다.
나는 지금 서쪽 창 아래에 앉아 있다. 창밖에는 호수의 윤
곽도 알아볼 수 없을 만큼 짙은 어둠이 깔려 있다. 달빛도
찾아볼 수 없기에 눈에 보이는 것은 아무것도 없다. 하지

만 창 너머 어딘가에 수 세대에 걸쳐 말없이 그 자리를 지켜 온 고요한 호수가 있다는 것을 잘 알고 있다. 반짝이는 빛을 발하며…….

저기 조그맣게 반짝이는 빛이 보이는가? 사람들은 저것이 창문에 반사된 불빛이나 책상 위의 양초라 생각할 것이다. 그러나 저것은 호수의 수면에 반사된 하늘의 별빛이다. 이 호수를 처음 발견한 사람은 아마도 다른 세계에서 온 존재처럼 신비스러운 빛을 발하는 밤의 호수를 보고 '반짝이는 호수'라는 이름을 붙였던 게 아닐까. 햇살을 반사하는 낮의 호수와는 또 다른 모습의 호수…….

한밤중에 잠에서 깬 나는 무거운 발걸음으로 몇 번이나 거실을 거닐었다. 오두막을 구입했던 그해 여름에 만들었던 서쪽 창가의 작은 방을 둘러보기도 했다.

책장 앞에 서서 지난 수년 동안 우리가 사 모았던 책을 찬찬히 살펴보기도 했다. 수십 년간 일정한 간격으로 차곡차곡 사 모은 책들을 보고 있자니 마치 나무의 나이테 같다는 생각이 스쳤다.

나무의 나이테가 두 개의 색으로 나누어지는 것과 마찬

가지로, 우리 책장에 꽂혀 있던 책들도 두 개의 종류로 나눌 수 있었다.

둘 중 하나는 내가 소유한 천체물리학 책들이다. 그중 한 권은 약 이 년 전 내 생일날 선물로 받았던 책이다. 당시 막 출간된 책이었기에 구하는 데 꽤 어려웠을 거라고 짐작했다. 하지만 다행히 에이린이 어느 과학 매거진에 실린 서평을 보고 아마존에서 바로 구입할 수 있었다고 했다. 그 책은 영국의 물리학자 폴 데이비스가 쓴 것으로, 제목은 『코스믹 잭팟: 폴 데이비스의 우주론 강의』였다. 그 책을 처음 받았을 때 며칠 동안 책에서 눈을 떼지 못했던 기억이 난다. 다시 그 책을 펼쳐 첫 장에 에이린이 직접 쓴 글자들을 보자 감회가 새로웠다.

당신 안에 존재하는 천문학자에게 바치는 책
에이린으로부터

그 옆에 꽂혀 있던 스티븐 호킹의 『호두껍질 속의 우주』로 시선을 돌렸다. 책을 꺼내 선명한 색의 사진과 삽화들로 가득한 책장들을 넘겨보았다. 우리 책장에는 그러한 책들이 열다섯 권 정도 꽂혀 있었다.

다른 한 종류는 에이린의 책으로 새와 날벌레, 버섯과 열매, 꽃과 나무, 해초와 거머리, 그리고 물벼룩에 관한 책들이었다. 에이린의 책은 모두 열여덟 권이었다.

책장에는 나무의 나이테처럼 자리한 그녀와 나의 책 외에도, 소설과 자서전 몇 권, 그리고 「누구, 무엇, 어디」라는 잡지 두어 개가 함께 꽂혀 있었다. 순간 나는, 그것들이 먹다 남은 음식들처럼 보였다. 그 책으로 우리를 설명할 수 없다는 생각이 들었기 때문이다.

책장 구경을 마친 후에는 오두막 방명록을 읽는 데 가장 많은 시간을 할애했다. 그것들은 지금 내 책상 위에 나란히 자리하고 있다.

방명록에는 삼대가 적은 글과 그림들이 담겨 있었다. 사진 몇 장도 붙여 있었다. 디지털 카메라가 시판되기 이전에 인화해서 붙여 놓은 것들이었다. 요즘에는 사진을 인화해서 보관하는 사람이 거의 없지 않은가?

2008년 3월 22일에 쓴 사라의 글을 먼저 읽어 보았다.

저녁 늦게 할아버지와 함께 밖으로 나갔어요. 보름달

아래에서 우주에 관한 이야기를 나눴어요. 오두막에서 사순절을 보내기도 했답니다. 내일은 부활절이기 때문에 우리는 부활절 토끼가 숨겨 놓은 알을 찾아야 해요. 부활절 토끼 이야기는 물론 어른들이 지어낸 거지만요. 때문에 전혀 신비스럽지 않아요. 하지만 토끼가 숨겨 놓은 알을 찾는 일은 정말 재미있어요. 신비로운 것으로 치자면 우리가 사는 세상과 이 우주가 가장 신비롭지 않아요? 할아버지는 작은 알이 폭발하면서 우주가 생겨났다고 말해 주셨어요. 하지만 그 알을 누가 가져다 놓았는지는 아무도 알지 못해요. 적어도 부활절 토끼는 아닐 거예요. 우주에서 부활절 토끼의 자취를 찾아볼 수가 없거든요. 더구나 토끼는 알을 낳는 동물이 아니랍니다.

책상 위로 몸을 숙이고 사라의 글을 읽는데 내 얼굴 위로 잔잔한 미소가 피어났다. 사랑스럽고 똑똑한 사라! '우주에서 부활절 토끼의 자취를 찾아볼 수가 없거든요.' 금방이라도 눈물이 쏟아져 나올 것 같았다. 마치 물속에 잠겨 있는 듯한 느낌이었다.

다음으로는 오두막 방명록의 가장 첫 번째 노트를 뒤적

였다. 1982년 10월 10일, 에이린의 글이 적혀 있는 첫 장부터 읽었다.

오두막 방명록을 시작하며

지난 8월 10일, 이 오두막은 드디어 우리의 것이 되었답니다. 믿기지가 않네요! 우리 가족은 크리스티안이 학교에 입학하기 직전 며칠을 이곳에서 보낼 수 있었습니다. 우리는 정확히 두 달 전에 오두막을 구입했고, 크리스티안이 학교에 입학한 지도 벌써 몇 주가 흘렀습니다. 우리는 지금 가을 방학을 맞아 이곳에서 함께 시간을 보내고 있어요. 지금은 일 년 중 숲의 색이 가장 선명할 때인 것 같아요. 신선하면서도 성숙한 숲의 향기! 사시사철 다른 색과 맛과 향을 지닌 숲에서는 버섯과 각종 열매, 칼루나(진달래과에 속하는 관목—옮긴이)도 볼 수 있습니다. 우리는 이곳에서 매우 행복한 시간을 보내고 있어요. 오늘은 숲에서 진들딸기를 발견했어요! 아직 밤에 서리가 내린 건 아니지만, 이미 늦은 가을이기에 진들딸기 맛을 제대로 보기에는 늦은 것 같아요. 대부분의 열매는 이미 개똥지빠귀가 따 먹은 후라, 남아 있는 열매가 그다지 많지 않네요. 하지만 이젠 진들딸기가 어디서 자라는지 알고 있으니, 내년에는 진들딸기를 먹을 수 있을 것 같아요. 8월 말 정도가 되면 주말마다 양동이를 들고 숲속을 다니며 진들딸기를 따야겠어요…….

나는 꼼짝도 않고 앉아 단숨에 글을 읽었다. 그것은 무려 네 장이나 되었다. 그녀의 글 속에 나에 관한 이야기가 많지는 않았지만 몇몇 문장에서 내 이름을 발견할 수 있었다.

올해 초부터 알버트와 삐걱거리기 시작했어요. 그래서인지 우리 가족 셋의 관계도 서먹해진 것 같아요. 하지만 이제부터는 다시 행복한 가족으로 돌아갈 수 있을 것 같습니다. 이젠 앞만 보며 달려야겠어요…….

에이린이 이런 글을 적었다는 사실을 까맣게 잊고 있었다. 우리가 삐걱거렸다고?

그녀는 이 글을 쓸 때 정확히 무슨 생각을 하고 있었을까? 단 한 번도 이 질문을 그녀에게 하지 않았다. 용기를 낼 수 없었기 때문이다.

문득 당시 두 달 동안 우리가 거의 얼굴을 마주하지 않았다는 사실이 떠올랐다. 그로부터 이십칠 년이나 지난 지금도. 그때의 위기 상황을 떠올리니 불안해지는 마음을 가눌 수가 없다.

그해 봄, 우리는 암묵적으로 서로의 사생활에 간섭하지 않으려 조심하며 살았던 것이다.

두 사람 모두 그런 생각을 했을까? 글쎄…… 더 정확히 말하자면, 나는 상황을 더 악화시키지 말자는 마음이 컸다. 그래서 그녀의 심기를 건드리지 않기 위해 입을 다물고 때가 올 때까지 기다렸다. 물론 그녀도 그녀만의 이유가 있었을 것이다.

이제 방명록의 네 번째 책을 멋대로 사용했다는 사실에 용서를 빌어야 할 것 같다. 벽난로에 불을 피우려던 순간, 불 피울 종이를 가져오지 않았다는 것을 깨달았다. 오두막에 글을 쓰러 왔음에도 불구하고 말이다.

오두막에는 처음부터 전기가 들어오지 않았다. 심지어 그 작고 흔한 태양열 집열판도 없었다. 집열판을 설치하는 것은 그다지 어렵지 않았지만, 오두막에 있는 동안만큼은 자연 그대로의 순수한 삶을 만끽하자고 우리는 암묵적으로 합의를 한 터였다. 그래서 에이린과 나는 오두막에 타자기나 노트북을 가져온 적이 단 한 번도 없었다. 오두막에 있을 때만큼은, 외부의 일을 모두 잊어버리고 오롯이 자연 속에서의 삶을 느끼기로 약속했기 때문이다. 그래서 오두막에 있을 때면 보통 숲속에서 시간을 보냈다. 한정된 시간이나마 문명에서 벗어난 삶을 즐기고자 했다.

하지만 이번 경우는 예외라고 할 수 있다. 스스로를 고립시켜 놓고 가족들에게, 그리고 나 자신에게 긴 편지를 쓰기 위해 이곳으로 온 거니까.

노트북과 여분의 배터리를 가져왔더라도 도움이 되진 않았을 것이다. 어차피 나는 이제 한쪽 손밖에 사용할 수 없는 몸이다.

내 왼손이 왜 마비되었는지 불과 두 시간 전에 알게 되었다. 그뿐만이 아니라 글 쓰는 일을 왜 더 미룰 수 없는지에 대해서도 알게 되었다. 오른손이 왼손처럼 변하기까지 이제 몇 주밖에 남지 않았다.

다시 마리안네를 떠올렸다. 그녀가 했던 말도 함께. 그녀는 마치 아무것도 아니라는 듯 내게 이 사실을 태연하게 알렸다. 나는 그녀의 태도가 주치의로서의 입장을 망각하고 도를 넘었다고 생각했다. 그녀는 마치 성직자인 양 말했던 것이다. 심지어 내 손을 쓰다듬기까지 했다. 마비가 된 나의 왼손뿐 아니라 성한 오른손까지……. 내 머리를 이리저리 돌려 보기도 했다. 나는 그녀의 손안에서 마치 전두엽 절제술을 당하는 환자가 된 듯한 기분이었다.

어쨌거나 애써 이해하고 결단을 내려야 할 문제가 생기고 말았다. 그렇다. 그 결정은 곰곰이 생각한 다음 내려야 하는 무겁고 막중한 것이며, 결코 충동적으로 내릴 수 있는 종류의 것이 아니었다. 어떤 선택을 하든지 간에 그 결정은 무겁고 심각한 것이 될 수밖에 없었다.

한마디로 말하자면, 나는 내일 저녁까지 살아있을지 죽음을 택할 것인지를 결정해야 한다. 만약 앞으로 몇 시간 내에 모든 것이 끝난다면, 지금 쓰고 있는 이 글은 내가 세상에 남기는 마지막 말이 될 것이다. 때문에 하고 싶은 이야기를 하나도 남김없이 신중하게 펼쳐 놓고자 한다.

또한 과거의 쓰디쓴 오점을 솔직하게 털어놓고 용서를 받고자 한다. 에이린을 위해서라도.

에이린…… 나는 그녀에게 숨겨 온 것이 있다.

일단 그것에 대해 말하기 전에 하고 싶은 말이 있다. 나는 내 생각이 담긴 이 글에 가족들을 등장시키는 것이 무엇보다 중요하다고 생각한다. 그래야 내가 왜 이러한 결단을 내렸는지 가족들이 이해할 수 있으니까.

오두막 방명록은 항상 식탁 위에 있었다. 새롭게 마련한 네 번째 방명록에 글을 남긴 사람은 지난 가을 오두막을 방문했던 유네와 사라뿐이었다. 9월경이었던 것으로 기억한다. 크리스티안은 건축 설계도를 마무리하기 위해 오슬로에 남아 있었기 때문에, 사라와 유네만 오두막을 방문했다.

사라는 방명록에 호수 위의 백조 한 쌍을 그렸다. 그 그림을 보는 순간 목이 메었다. 이 방명록에 내 이야기를 적어야 한다는 사실이 너무나 슬펐다. 마치 내가 방명록을 망치는 것처럼 느껴졌다. 하지만 글을 쓸 종이가 필요했다. 더욱이 글 속에는 훗날 이것을 읽게 될 가족들을 향한 나의 생각과 감정이 담길 것이며, 내가 직접 경험한 일들이 묻어날 터이니, 바로 이 방명록보다 더 적절한 책도 없다는 생각이 스쳤다. 이 방명록에는 지난 몇 년 동안 우리가 직접 경험했던 좋은 일, 나쁜 일들이 모두 들어 있으니까 말이다.

그림 속 호수에 한 쌍의 백조가 유유히 떠 있다. 그것은 마치 영원을 상징하는 것처럼 보이기도 한다. 몇 년 전 어느 가을날 에이린과 함께 나룻배를 타고 호수의 중앙까지 갔던 기억이 떠오른다. 그때는 크리스티안과 유네가 사귀기 전이었으니 사라도 세상에 태어나지 않았을 때다.

⟶⟫⟫

노를 저은 사람은 에이린이었다. 호수 중앙에 이르자 에이린이 천천히 노를 내려놓았다. 그리고 그녀는 깊은 한숨을 쉬며 호숫가의 나무들을 바라보았다. 자작나무, 사시나무, 호랑버들, 귀룽나무, 마가목……. 어떤 나무는 불에 타는 듯 붉은 낙엽들을 달고 있었다. 에이린은 들이마시는 숨과 함께 주변의 풍경을 자신의 내면으로 빨아들이려는 것만 같았다. 단지 주변의 풍경뿐 아니라 풍경을 감싸 안은 시간까지도……. 매분 매초, 그리고 바로 그 순간까지도.

처음으로 그녀와 함께 그 호숫가에서 노를 저었던 날이 떠올랐다. 잠깐이긴 했지만 그때도 에이린의 얼굴에는 짙은 그림자가 드리워져 있었다.

그것은 슬픔이었을까?

그 모습은 내가 잘 모르는 에이린의 또 다른 면이기도 했다.

갑자기 그녀가 울먹이듯 외쳤다.

"알버트, 이건 영원의 순간이야!"

그녀가 내 눈을 뚫어지게 바라보며 다시 말문을 열었다.

"또 다른 영원의 순간은 존재하지 않아!"

그녀가 흐느끼기 시작했다. 너무나 아프고 서럽게. 그녀를 감싸 안으려 몸을 굽혔다. 하지만 배가 흔들리며 금방이라도 뒤집힐 것 같아 하는 수 없이 얼른 내 자리로 돌아와야만 했다. 대신 에이린이 내려놓은 노를 집어 들었다. 그리고 천천히 노를 저으며 뭍을 향해 배를 움직였다.

배를 정박시키자 에이린이 울음을 그쳤다. 갑자기 무엇 때문에 그토록 흐느꼈는지 물어보고 싶지만 그녀가 귀찮아할까 봐 아무 말도 하지 않았다. 그녀 또한 아무 일도 없었던 것처럼 행동했기에 거기에 관해선 어떤 이야기도 하고 싶지 않은가 보다 지레짐작했을 뿐이었다.

오두막으로 가는 길에, 그녀는 호수를 가리키며 생기 가득한 목소리로 재잘거리기 시작했다. 그 생기발랄함은 물론 억지로 만들어 낸 것이었다. 대번에 알 수 있었다.

그녀는 호수를 둘러싼 개개의 만과 곶을 모두 고려한다면 그 자체만으로도 끝없는 영원을 상징한다고 말했다. 호수 둘레를 미터 또는 킬로미터, 또는 마일이라는 단위로 쟀을 때 어디까지 뻗어 나갈 수 있을까?

에이린은 호수 둘레를 어떻게 재느냐, 얼마나 정확하게 재느냐에 따라 달라질 것이며, 어떤 도구를 사용해 측정하느냐에 따라서도 그 결과가 달라질 것이라고 말했다.

호수 주변의 만과 곶에 흩어져 있는 돌멩이 하나, 그리고 그 돌멩이에 생겨난 작은 흠집까지도 일일이 측정하는 것이 과연 가능한 일일까? 그런데 또 가능하지 않을 이유도 없지 않은가?

자갈돌 하나에 난 미세한 구멍, 시들어 떨어져 있는 솔 잎이나 작은 나뭇가지 하나, 그 틈새에 살고 있는 작은 벌 레들까지 다 포함한다면 어떻게 될까?

곰곰이 생각에 잠겨 있던 그녀가 갑자기 무슨 결심이라 도 한듯 당차게 말문을 열었다.

"세상에 오직 이 호수 하나만 존재한다 해도 내가 항상 이곳에 있을 수만 있다면 더 바랄 것이 없겠어."

그녀가 눈을 동그랗게 뜨고 나를 가만히 바라보았다. 그 녀는 다시 눈물을 흘리며 울어 버릴 것인가?

그녀와 함께 사는 동안 나는 내가 이해할 수 없는 부분 이 그녀에게 존재한다는 것을 경험했다. 하지만 단 한 번 도 거기에 관해 직접적으로 물어본 적이 없었다.

나는 계속 호수에 관해 이런저런 이야기를 늘어놓았다. 이젠 내가 아무 일도 없었다는 듯 천연덕스럽게 행동할 차례였다. 그녀도 주절주절 말을 늘어놓는 나를 막지 않 았다.

호수의 크기가 더 작았던 시절은 없었을 거였다. 만약 그랬다면 웅덩이나 연못이라는 이름으로 존재했을 것이 기에 호수라는 이름을 붙일 수 없었을 거다. 물론 크기가 더 컸던 적도 없었을 것이다. 그렇다면 작은 강의 모습으로 존재했을 것이며, 그 주변으로 수많은 오두막과 별장들이 줄지어 생겨났겠지. 또한 해마다 낚시를 하러 오는 사람, 헤엄을 치러 오는 사람으로 매년 여름 이곳은 발 디딜 틈이 없어야만 했다.

우리는 이런저런 이야기를 나눈 후, 그 호수의 크기가 딱 적당하다는 데 동의했다. 그곳에는 단 한 채의 오두막, 단 한 개의 나룻배, 그리고 단 하나의 가족만 있다. 자전거나 자동차가 들어오는 것도 불가능하다. 산책을 즐기는 사람들은 그 옛날 우리가 그랬던 것처럼 근처에 있는 오솔길을 이용할 뿐이며, 겨울이 되면 이따금씩 호수 너머에서 스키를 타는 사람들이 보이는 게 전부다.

예전에 뷔그되이라는 도시의 한 거대한 저택에서 열렸던 파티가 떠올랐다. 우리는 평소 어울리기 힘든, 더구나 지금도 거의 만나지 못하는 상류층 사람들과 함께 앉아 있었다.

잔이 부딪치는 소리 속에서 점점 술에 취했던 것 같다. 그다음 날 에이린의 말을 들어 보면 내가 술에 취했던 것이 틀림없었다. 그 때문인지, 한낱 고등학교 교사에 불과했던 나는 그 자리에 모여 있던 선주들, 부동산 투자가들 사이에서 나도 무언가를 소유하고 있다고 말해야 할 것 같았다.

마침 고상하고 푹신한 고가의 소파에 등을 기대고 앉아 있을 때였다. 소파의 팔걸이에 팔을 걸치고 다른 팔로는 에이린의 어깨를 감싸 안은 채, 우리도 숲을 소유하고 있다고 떠벌렸다. 낚시를 할 수 있는 호수도 있다는 말과 함께.

틀린 말은 아닌 게 우리 오두막 옆의 호수에선 때때로 농어와 숭어가 잡히기도 했다. 하지만 그 조그마한 곳을 두고 낚시를 할 수 있는 호수라 떠벌렸던 것은 조금 도를 지나쳤던 감이 없지 않다.

게다가 공식적으로 오두막 옆의 '반짝이는 호수'는 우리의 것이 아니다. 하지만 나룻배는 우리 것이 맞다. 오두막을 구입했을 때 덤으로 딸려 온 것이니까.

집으로 돌아오는 택시 안에서, 에이린은 파티에 모인 사람들이 우리의 오두막을 보게 된다면 아무도 우리가 숲을 소유한다고 생각지 못할 것이라 말했다.

나는 왜 있는 그대로를 말하지 못했을까? 호숫가 옆에 자리한 자은 오두막 한 채를 소유하고 있다고 말이다.

차라리 그렇게 말하는 것이 숲을 소유한다고 말하는 것보다 훨씬 더 정감 있고 멋있지 않았을까?

에이린의 말은 틀리지 않았다. 때문에 나는 이제 골디락스가 나오는 이야기로 되돌아가려 한다.

여러 상황으로 미루어 보았을 때, 이 동화의 숨겨진 뒷이야기를 해야 할 것 같은 모종의 압박도 느끼고 있다.

동화라고 해서 모두 밝고 아름다운 이야기일 수는 없다. 그 이면에는 어둑한 그림자가 있기 마련이다. 가끔은 바닥을 볼 수 없을 정도로 깊고 어두운 심연이 자리하고 있을 때도 있다.

--->>>>

크리스티안과 사라는 내가 해 주는 곰 세 마리 이야기들을 들으며 자랐다. 굳이 '이야기들'이라 하는 이유는 내가 단 한 번도 똑같은 이야기를 해 준 적이 없기 때문이

다. 매번 조금씩 이야기를 바꾸다 보니 결말이 달라졌던 것이다.

언젠가 한번 사라가 이렇게 물었던 이유도 바로 그 때문이었을 것이다.

"할아버지, 골디락스 이야기를 해 주실 수 있나요? 골디락스가 어떻게 됐는지 궁금해요!"

사라는 내가 거절하지 않으리라는 것도, 지난번과는 무언가 조금 다른 이야기라는 것도 잘 알았기에 항상 기대감에 가득 차 있었다. 때문에 내가 해 주는 이야기를 들을 때면 사라는 눈을 반짝이며 생기 가득한 표정을 짓곤 했다.

사라는 나를 쳐다보며 이 세상에서 오직 사라만이 지을 수 있는 미소를 지었다. 어딘지 모르게 자만심이 느껴지지만 동시에 따스하고 너그러운 미소. 그것은 에이린의 미소와 너무나 닮은 것이었다.

곰 세 마리 이야기는 그때그때의 내 기분에 따라 조금씩 달라지곤 했다. 좋은 일이든 나쁜 일이든 그날 내가 경험했던 일을 이야기 속에 녹여 냈기 때문에, 아이들이 꿈나라로 가기 직전 듣던 동화와는 거리가 멀 때도 없지 않았다.

이제 그 동화의 숨은 뒷이야기를 해 보려 한다.

곰 세 마리 이야기의 요점은, 외딴 숲속의 작은 집에 곰 세 마리가 산다는 것으로 오늘날 우리가 알고 있는 이야기와 그리 다르지 않다. 아빠 곰, 엄마 곰, 아기 곰이 등장하는 바로 그 이야기.

어느 날 엄마 곰이 아침 식사를 위해 죽을 끓였다. 곰 가족은 죽이 식을 때까지 잠시 숲속에 산책을 다녀오기로 했다. 그들이 집을 비웠을 때, '골디락스'라 불리는 작은 소녀가 그곳을 찾았다. 산책을 하다가 길을 잃어버린 것이 틀림없었다. 대문이 살짝 열려 있는 것을 발견한 소녀는 집 안으로 들어갔다. 그때부터 벌어지는 일은 우리도 잘 알고 있는 이야기다. 골디락스는 먼저 자신에게 딱 알맞은 크기의 아기 곰 의자에 앉아 아기 곰 몫의 죽을 맛보았다. 죽은 뜨겁지도 차갑지도 않아서 먹기에 딱 적당했다. 배가 부른 골디락스는 아기 곰의 침대에 누워 스르륵 잠에 빠졌다. 그 침대는 딱딱하지도 무르지도 않아 잠을 자기에 딱 적당했다. (이렇게 말하고 나니, 골디락스가 매우 까다로운 소녀라는 생각이 든다.) 한참 후 잠에서 깬 골디락스는 침대 머리맡에서 자신을 내려다보고 있는 곰 세 마리를 발견했다. 소스라치게 놀란 골디락스는 침대에서 뛰쳐나와 계단을 통해 일층으로 내려간 후 숲속으로 줄행랑을 쳤다……

이 이야기는 곰 세 마리 이야기의 원형과는 거리가 멀다. 원형은 온 가족이 귀를 기울이며 함께 즐길 수 있는 예쁜 동화가 아니다. 절대! 위의 이야기와 구조적인 면에서 그리 다르다고 할 수 없지만 원형에는 훨씬 어둡고 음산한 요소가 숨어 있다.

영문학을 전공한 나는 이 동화에 관해 좀 더 깊이 연구했다. 전 세계 사람들에게 널리 퍼져 있는 이 이야기를 바닥까지 파헤쳐 보고 싶었다.

곰 세 마리 이야기는 영국의 시인 로버트 사우디가 구전으로 전해 내려오는 이야기를 1837년 글로 옮긴 것이다.

그가 말하는 곰 세 마리의 성격은 우리가 알고 있는 것과는 조금 달랐다. 상냥하고 착한 곰이 아니었다. 게다가 아빠 곰, 엄마 곰, 아기 곰이 아니라 단지 세 마리의 곰이 등장할 뿐이었다. 말하자면, 숲속의 한 오두막에 살고 있는 평범하지만 다소 위험한 세 마리의 청년 곰이었던 것이다.

아침으로 준비한 죽이 식을 때까지 산책을 다녀온 곰 세 마리는, 몰골이 초라하고 단정치 못한 나이 많은 여자가 오두막 안에 있다는 것을 발견했다. 그녀는 숲속에서 길을 잃은 평범한 여인이 아니었다. 대번에 이 사실을 알 수 있었는데, 왜냐하면 그녀는 오두막의 창문과 열쇠 구멍을 통해 집 안에 누가 있는지 먼저 확인했다. 아무도 없다는 것을 알아챈 그녀는 살짝 열려 있던 대문으로 몰래 들어왔다. 소위 도둑이었던 것이다.

몰골이 누추한 여인은 가장 먼저 막내 곰의 의자에 앉아 그의 죽을 먹어 치웠고, 그것도 모자라 그의 침대에 드러누워 잠을 잤다. 산책을 마치고 돌아온 곰들은 막내 곰의 침대에서 기름때가 낀 머리를 발견했다. 누추한 여인의 머리였던 것이다.

"누가 내 침대에서 자고 있어!"

그 소리에 놀란 여인이 벌떡 일어났다. 그녀는 겁에 질려 어쩔 줄 몰라 하다가 창문 밖으로 몸을 던졌다. 어쩌면 땅에 떨어져 목이 부러졌을지도 모른다. 작가는 이야기의 결말 부분에서 그러한 가능성을 살짝 비추기도 했다. 하지만 숲속으로 도망쳐 몸을 숨겼을지도 모른다.

혹시 어둑어둑한 호수에 빠져 죽었던 것은 아닐까?

곰 세 마리 이야기를 담은 초판본에는 그 배경이라고 할 수 있는 또 다른 이야기가 실려 있다. 기록에 의하면 몰골이 누추한 그 여인은 암컷 여우를 의미한다. 이렇듯 이 이야기는 여우에 관한 민화를 기반으로 하며, 이야기에 등장하는 'vixen'이라는 단어는 암컷 여우라는 뜻 말고 '마녀'를 지칭할 때도 자주 사용된다.

사람들은 사우디가 어렸을 때, 암컷 여우가 곰들이 사는 오두막에 몰래 들어갔다는 전래 동화를 들으며 자랐을지도 모른다고 짐작했다. 사우디는 전래 동화를 글로 옮겨 적으며 암컷 여우를 마녀로 묘사했던 것이 아닐까?

나는 지금 창가에 앉아 책상 위에 양초 두 개를 켜 놓고 창밖의 밤 풍경을 바라보고 있다. 어둑어둑한 호수를 바라보며, 동화에 나오는 마녀가 바로 저 호수에서 빠져 죽은 건 아닐까 생각해 본다.

순간적으로 이런 생각이 들자 니도 모르게 삼짝 놀랐다. 동화 속의 마녀도 이층 침실의 창문을 통해 뛰어내렸고, 이 오두막의 침실도 이층에 있었다. 하지만 동화와 달리 우리 침실에는 햇살을 받기 위해 낸 손바닥만 한 작은 구멍이 있을 뿐이었다. 그럼에도 불구하고 곰 세 마리 이야기가 바로 이 오두막에서 벌어졌던 일이라는 생각을 지울 수가 없었다.

호숫가에서 불어오는 한 줄기 바람이 마치 무거운 한숨처럼 들렸다. 마치 나를 부르는 마녀의 숨소리 같기도 했다.

사십여 년 전 에이린과 오두막에 처음 발을 들여놓았던 때부터, 무슨 이유에선지 이 오두막을 곰 세 마리 이야기와 연관지어 생각해 왔다. 또 다른 어두운 이야기도 지금껏 나 혼자만 간직했다. 하지만 언젠가는 그 이면 또한 수면 위로 드러날 것이라는 것을 은연중에 알고 있었다.

인간의 삶이란 '옛날 옛날에……'로 시작해 결국은 어두운 밤이 주인공을 덮치는 이야기와 비슷하지 않을까?

지금부터 밤에 펼쳐지는 어두운 이야기를 해 보려 한다.

조금 전 마리안네를 만나고 왔다. 그것이 바로 지금 내가 하려는 어두운 이야기다. 나를 이 숲속으로 이르게 한 사람이 마리안네였으니까.

에이린이 멜버른으로 출장을 간 후 얼마 지나지 않아, 마리안네에게서 전화가 왔다. 학교 교무실에 있던 나는 커피 한 잔을 앞에 두고 동료들과 가벼운 대화를 나누고 있던 참이었다. 우리는 당시 월초에 발생했던 이탈리아의 대규모 지진에 관해 이야기하며, 수백 명이 목숨을 잃고 수십만 명이 삶의 터전을 잃었다는 사실에 안타까워하던 중이었다. 그중 한 명은 지진으로 가장 큰 피해를 입었던 라퀼라 지역에서 과거 몇 달 동안 산 적도 있다고 했다.

– 알버트?

– 어…… 웬일이야?

– 나 마리안네야…….

– 어, 알고 있어. 그런데 무슨 일로……?

– 지금 잠깐 이야기 좀 할 수 있을까?

– 지금?

- 직접 만났으면 해. 오늘 내 진료실로 와 줄 수 있어?

- 무슨 일 때문이야?

- 그건 만나서 이야기할게. 내 진료실에서.

- 음……. 아직 수업 끝나려면 두 시간 정도 더 있어야 해.

- 오후 네 시 전에 올 수 있겠어?

- 도대체 무슨 일 때문에 그러는 거야?

- 알버트, 그 이유는 만나서 이야기할게. 내 진료실에서.

철없던 어린 시절에 사귀었던 마리안네가 떠올랐다. 불과 몇 초 만에 과거의 기억이 폭포수처럼 나를 덮쳤다.

세월이 한참 흐른 후 그녀와 다시 잠깐 만난 적이 있다. 결코 아름다운 기억이라고 할 수는 없었다. 에이린은 이 사실을 전혀 모르고 있었다. 하지만 에이린도 알아야 할 때가 온 것 같다. 마지막 기회일지도 모르니…….

나는 지금 시간에 쫓기고 있다. 이것은 삶과 죽음에 관한 문제라고도 할 수 있다. 삶과 죽음의 갈림길에서, 별 아래에서, 거짓말을 할 수는 없다. 거대한 비밀과 거짓을 이 땅에 남겨 두고 도망치듯 사라지고 싶지 않다.

바로 그 때문에 지금 이 오두막 방명록에 글을 쓰고 있는 것이다. 과거를 미화할 마음은 조금도 없다. 오두막을 떠나기 전, 이 글을 남겨 둘지 말지도 장담할 수 없다. 그때가 내일이 될지 오늘 밤이 될지, 그것도 알 수 없다. 이 글을 쓰면서 몇 번이나 벽난로의 불길을 향해 눈길을 던지기도 했으니까.

마리안네와 헤어진 지 십여 년이 지난 후, 우리는 왕궁 앞 공원에서 우연히 만났다. 때는 에이린과 내가 오두막을 구입하기로 했던 그해의 5월이었다. 그러니까 부부로서의 관계가 조금 삐걱거릴 때였다.

당시 에이린은 일에 푹 빠져 실험실에서 살다시피 했다. 잠시 집에 있을 때는 크리스티안에게 모든 관심을 쏟았다. 그렇다. 에이린은 크리스티안에게만큼은 온 정성을 다했다.

사정이 이러했기에 그날 오후 우연히 마리안네를 만난 나는 들뜬 기분으로 인사를 건넸다. 내게 다가오는 그녀는 너무나 밝고 따스해 보였다. 게다가 그녀는 내 눈을 지긋이 바라보며 내 이야기에 귀를 기울여 줬다.

왜 이런 마리안네를 마다하고 에이린을 선택했을까?

우리는 브리스톨 호텔의 '겨울정원' 바에서 화이트와인을 마시며 대화를 나누었다. 어찌하다 보니 나는 어느새 호만스뷔엔에 자리한 그녀의 집에 앉아 있었다. 술기운 때문에 얼굴이 붉어지기도 전이었다. 그녀는 내게 와인을 한 잔 더 권했다. 다행히도 그날 저녁엔 에이린이 크리스티안을 재울 차례였기에 나는 느긋하게 마리안네와 함께 저녁 시간을 즐길 수 있었다.

우리는 십여 년 전으로 돌아갔다. 커피 자판기 앞에서 에이린을 만나기 전으로.

마리안네와의 관계는 약 몇 주 동안 지속되었다. 그러던 어느 날, 말로 형언할 수 없는 후회와 수치심이 밀려들었다. 크리스티안과 에이린을 잃어버릴지도 모른다는 두려움과 함께.

에이린과 나는 숲속의 오두막을 구입한 후 관계를 회복할 수 있었다. 하지만 마리안네와 잠깐이나마 부적절한 관계를 맺었다는 사실을 고백할 수는 없었다. 간신히 되찾은 에이린과의 관계를 다시 잃어버릴 것 같은 두려움 때문이었다. 나 또한 에이린이 호텔 콘퍼런스에 참석한다며 집을 비웠던 지난 몇 달 동안, 어디서 누구를 만나며 시간을 보냈는지에 대해 추궁하지 않았다. 백지장 같은 상태에서 에이린과 함께 새로운 삶을 살고 싶었다. 에이린과 함께했던 지난날을 생각하니 가슴이 아팠다. 나는 에이린을 사무치게 그리워하고 있었다.

오래전 일을 고백하고 용서를 비는 지금 이 순간에도 나는 수치심에 사로잡혔다. 언젠가 에이린이 했던 말처럼 내가 거짓말을 할 수 없는 사람이라는 것은 사실이 아니기 때문이다.

이쯤에서 다시 마리안네의 이야기로 되돌아가야 할 것 같다. 그녀는 왜 갑자기 나를 만나자고 했을까?

그녀의 전화를 받는 순간 일전에 받았던 신경 진료가 떠올랐다. 소위 '근전도 검사'라는 것이었다. 에이린을 공항으로 데려다주는 자동차 안에서 그 복잡한 전문용어를 잠깐 언급하기도 했다. 물론 그때만 하더라도 그것이 무엇을 의미하는지 전혀 알지 못했다. 몇 차례의 고통스러운 검사와 더불어 신경과 전문의의 진료를 받은 후, 자율신경계 쪽에 매우 특별한 장애가 생겼다는 검사 결과를 들었다. 하지만 그러한 진단이 무엇을 의미하는지 되묻지

는 않았다. 의사는 내게 하루빨리 주치의를 찾아보라고
했다.

그런 일이 있었던 데다 마리안네가 근무시간 중에 내게
전화를 했음에도 불구하고, 최악의 상황을 생각하지 않았
다. 게다가 내 몸에 생긴 갑작스러운 증상과 관련해 인터
넷에 검색해 보려는 노력도 하지 않았다. 심지어 대상포
진에 걸렸을 때도, 백내장에 걸려 한쪽 눈을 수술해야 했
을 때도 마찬가지였다.

본능적인 자기방어였을까? 오히려 진료실로 당장 오라
는 마리안네에게 짜증이 났다. 그녀가 무슨 일 때문인지
한마디도 하지 않고 무작정 병원으로 오라고 했기 때문이
다. 어린 시절, 좋은 일이든 나쁜 일이든 뭐든지 함께했던
연인이었는데도 불구하고 말이다.

문득 옛날 일이 머릿속을 스쳤다. 혹시 마리안네는 과거
를 잊지 못하고 있는 게 아닐까? 그녀는 지난 일을 잊어야
했다.

마리안네는 지난 몇 년 동안 나뿐만 아니라 에이린의
주치의 역할도 해 왔다. 이사를 하고 보니, 마리안네가
지역 병원의 의사로 일한다는 것을 알게 된 우리는, 주치

의로 그녀를 택하는 것도 좋을 것 같다고 생각했다. 낭시 마리안네는 그 지역에서 꽤 명망 높은 의사로 알려져 있었다.

나는 에이린에게 마리안네와 내가 어린 시절 잠시 사귄 적이 있었다는 것을 털어놓았다. 놀랍게도 에이린은 다 지난 일이니 상관할 바가 아니라며 코웃음을 쳤다.

하지만 현실은 그렇지 못했다. 마리안네와 나는 약 이십 여 년 전의 옛 시절로 돌아가 짧은 시간이긴 하지만 다시 만났으니까…….

마음을 가다듬었다. 현실 감각이 돌아온 것 같았다. 전화기 너머 들려왔던 마리안네의 목소리가 날카롭게 굳어 있었던 이유는 어쩌면 그녀가 의사라는 자신의 직업을 강조하고자 했기 때문이 아니었을까? 옛 연인 사이로 되돌아가기 위해서가 아니라 오직 의사와 환자로 만나자는 것을 강조하기 위해서 말이다.

의사들 중에는 짜증 날 정도로 고집이 세고 권위 의식이 강한 사람들이 많다. 그들은 왕처럼 군림하는 학교 교장이나 묵직하고 커다란 책상 앞에 앉아 채무면제를 호소

하는 탄원서나 위임서, 또는 갖가지 의뢰서를 들춰 보는 경찰 서장과 같은 부류라고 할 수 있었다.

주치의를 바꿔야 할 때가 왔다. 이제라도 입장을 명확히 해야 했다. 그렇지 않으면 언제 또 비슷한 일이 일어날지 모른다는 두려움이 일었다.

마리안네를 만나러 가기 직전에 했던 수업은 여느 때와 다르지 않았다. 학생들에게 프랑스 혁명과 여성의 참정권을 주장했던 올랭프 드 구주와 그녀를 단두대로 보냈던 로베스피에르에 관해 수업한 후, 바로 병원으로 향했다.

성가신 일을 최대한 빨리 해치우고 싶다는 마음도 컸다. 그녀에게 주치의를 바꾸겠다는 말을 당당하게 하리라 결심했다. 이왕 마음에 두고 있던 일이었으므로 이번 기회에 정리를 하는 게 좋을 것 같았다. 진료실에서 보자고 했던 만큼 몇몇 검사를 더 받을지도 몰랐지만 그것도 그날로 마지막이 될 것이었다.

지난번에 그녀가 나의 아픈 왼손에 대해 따스하게 위로했던 것을 아직도 기억한다. 그때 그녀의 행동에 적잖이 감동하고 놀랐다. 그 때문이었는지, 지난 겨울 내내 힘이 없어 축 늘어져 있던 왼손의 증상이 곧 사라질 것이라 믿었다. 설령 그것이 파킨슨 증후군의 초기 증상이라 할시라도 얼마든지 받아들일 수 있다고 생각했다.

정확히 오후 네 시가 되기 일 분 전에 병원 안내 창구를 찾았다. 예약을 하지 않은 상태였고 밑도 끝도 없이 진료실로 찾아오라는 마리안네의 전화만 받고 왔기에 어찌해야 할지 감을 잡을 수가 없었다.

"저…… 의사 선생님이 호출해서 왔는데요……."

농담하듯 머쓱한 미소를 지으며 말했다. 하지만 내가 말을 하는 동안 창구 직원의 얼굴 위로 어두운 그림자가 살짝 드리워졌다. 보아하니 그녀는 이미 내가 올 줄 알고 있었던 것 같았다. 내 이름과 생년월일도 묻지 않았으니 말이다. 그녀는 내 말이 끝나자마자 의자에서 튀어 오르듯 일어나 유리로 만든 것 같은 우스꽝스러운 안내 창구에서 나왔다. 그녀가 마리안네의 진료실 문을 두드렸다. 마리안네는 진료 중이었음에도 불구하고 문밖으로 머리를 쑥 내밀고 과장되다 싶을 정도로 호들갑스러운 목소리로 내게 조금만 더 기다려 달라고 말했다.

하는 수 없이 대기실의 회색 소파에 앉았다. 일간지를

조금 뒤적이다가 수족관 안에서 헤엄치는 금붕어들을 보고 있노라니, 그녀의 진료실을 나서는 환자의 모습이 보였다. 잠시 후 마리안네가 복도로 나왔고 나는 그녀를 따라 진료실로 들어갔다.

간단히 설명하자면 그녀는 내게 최악의 진단을 내렸다. 진료실 안에서 보낸 시간도 그리 길진 않았다. 그때까지만 하더라도 왼손 손가락들이 뻣뻣한 이유가 혹시 파킨슨 증후군 때문이 아닐까 어림짐작하고 있었다. 하지만 눈앞에 닥친 현실은 예상과는 거리가 멀었다. 왼손의 무감각증과 뻣뻣함은 소위 ALS라고 불리는 근위축성 측삭 경화증 때문이었다.

마리안네는 장황하게 말을 늘어놓기 시작했다. 그녀가 나를 국립 병원까지 보내 근전도 검사를 받게 했던 것도 바로 이 희귀한 병 때문이었다.

"이 자리에서 솔직하게 말할게. 불행하게도 이번에 내리는 진단은 최종 단계야. 이 진단을 내리기 위해 당신의 검사 결과를 다른 병원에 근무하는 전문의 두 명에게 각각 의뢰해 봤어. 우리 나라에서 제일 권위 있는 전문가들이지. 때문에 의심의 여지가 없다는 것만 알아줘."

그녀의 말은 단호했다. 뒤이어 그녀는 내게 감각신경세포와 운동신경세포에 관해 친절하게 설명해 주었다. 운동신경세포는 중추신경계통에서 신체의 각 부분으로 신호를 전달해 근육과 몸의 움직임을 관할한다. 내 경우엔 이처럼 의지에 의해 움직이는 신경세포들이 망가져 그 역할을 제대로 못 하고, 그 때문에 소위 말하는 근위축증이라는 병을 얻게 된 것이었다. 이것은 의지에 의해 작동하는 운동신경세포와 관련된 병이기 때문에, 감각과 관련된 신체 기능, 즉 촉감이나 시력, 후각이나 청력과는 관계가 없었다. 인지능력이나 내장의 움직임을 관할하는 자율신경계통과도 관계가 없다. 나의 병은 오직 의지로 움직일 수 있는 세포들이 손상되었기 때문에 생긴 것이다. 심장은 제 기능을 계속할 수 있을 것이다. 심장은 의지에 의해 움직일 수 있는 것이 아니니까. 그러나 호흡 기능은 조금 다른 문제였다. 사람은 물속에 있을 때 의지대로 숨을 참을 수도 있다. 즉 호흡 기능은 잠을 잘 때처럼 저절로 작동하기도 하지만, 의지에 의해 우리가 조절할 수 있는 신체 기능이라고도 할 수 있다. 따라서 내 병이 악화된다면 시간이 흐를수록 나의 호흡 기능도 더불어 악화될 것이고, 결국은 호흡 기능이 제대로 작동하지 않아 숨이 멎을 것이다.

그녀가 말하는 앞으로의 상황 또한 그다지 긍정적이지 않았다. 지속적으로 약을 먹고 치료한다 하더라도 병이 악화되는 것을 늦출 수 있을 뿐 완치 가능성은 없다고 했다.

앞으로 다가올 병의 진행 과정에 관해서도 설명해 주었다. 그 와중에도 성생활에는 문제가 없을 거라고 말을 덧붙이는 그녀의 말에 기분이 썩 좋지는 않았다. 불과 몇 달 내로 몸을 마음대로 움직일 수 없는 상황에 처하게 될 텐데, 성생활에는 문제가 없을 거라니……. 어이가 없었다. 그녀는 내게 남아 있는 시간이 일 년에서 삼 년 사이라고 했다. 내가 더 정확하게 말해 달라고 하니, 그녀는 근위축성 측삭 경화증 진단을 받은 사람 중에서 일 년 육 개월 이상 목숨을 유지하는 사람은 오십 퍼센트도 채 되지 않는다고 했다.

그녀는 다짐이라도 하듯 자주 연락하자고 말하며 일시적으로나마 고통을 완화할 수 있는 치료법에 관해서도 언급했다. 그것은 한마디로 통증 없이 죽음을 맞이하는 방법인 셈이었다. 심리적 불안감도 없앨 수 있다고 했던가?

나는 그것이 꽤 근사하다고 생각했다. 현대 사회에서는 인간의 걱정과 두려움까지도 약을 사용해 우아하게 없앨 수 있구나. 그녀는 꼭 그런 것만은 아니라고 말을 얼버무렸다.

자리에 꼼짝 않고 앉아 그녀를 뚫어지게 바라보았다. 내 자신이 그저 그런 삼류 연극배우 같다는 생각이 스쳤다. 게다가 그녀는 한없이 초라한 내 앞에서 자신의 전문 지식을 마구 떠벌리고 있지 않은가! 그녀의 배려와 공감마저도 가식처럼 느껴지기 시작했다. 그녀의 어줍잖은 동정과 연민은 필요 없었다.

광대! 그녀가 광대라고 생각했다. 우리가 한 침대에서 몸을 섞었던 것은 이미 수십 년 전의 일이었다. 하지만 그녀는 그것이 마치 어제 일이라도 되는 것처럼 내 앞에 앉아 있다. 나를 대하는 그녀의 태도가 사뭇 개인적일 뿐 아니라 은밀하기까지 했다. 위로한답시고 내 손을 쓰다듬는 그녀의 손길이 연인에게 하는 애무처럼 느껴졌다. 나는 양손의 감각이 여전히 살아 있다는 것을 확인한 후, 천천히 손을 빼냈다.

화가 머리끝까지 치솟았다. 의지와 상관없이 아랫도리가 불룩해졌다. 그것은 너무나 모순적이고 수치스러운 일이었다. 민망하고 불편하기 짝이 없었지만 불룩하게 나온 아랫도리를 내 마음대로 잠재울 수가 없었다. 몸이 의지대로 움직이지 않았다. 마리안네가 말했던 그대로였다. 성욕에 대해 먼저 말을 꺼냈던 것도 그녀였다. 그녀가 불룩 튀어나온 내 아랫도리를 눈치챌까 봐 두려웠다. 수치심에 사로잡혀 어쩔 줄 모르고 있던 내게, 그녀는 부드러운 미소를 지으며 동정 가득한 슬픈 시선을 보낸 후 두 눈을 내리깔았다.

그녀는 지금 상황을 마무리하기 위해 억지 슬픔을 내비치는 건 아닐까? 아, 어쩌면 나와 함께 잠자리를 한 직후 침대 위에서 보였던 그 희열 가득한 표정도 거짓이 아니었을까?

"자주 연락해······."

그렇다. 그녀는 정말 그렇게 말했다.

한참 동안 자리에 앉아 그녀의 말을 듣다가, 이제 더 이상 그녀의 가식적인 모습에 흔들리지 않겠다고 마음먹었다. 나는 어차피 저주받은 몸이 아니었던가? 그녀의 목소리와 손짓이 혐오스럽게 느껴지기 시작했다. 자리를 박차고 일어섰다. 막무가내로 뛰쳐나오진 않았지만, 의자에서 몸을 벌떡 일으켜 뒤도 돌아보지 않고 진료실을 나왔다.

굴욕적이었다. 내게 갑자기 닥친 이 상황은 한 인간의 체면과 위신에 관한 것이라는 생각이 스쳤다. 그리고 나는 체면과 위신을 잃어버린 사람이 되어 버렸다. 마리안네의 말에 내가 보였던 모순적이고 어처구니없는 반응과, 마리안네도 나처럼 평정을 잃었으면 좋겠다는 왜곡된 바람 때문이었다. 아무래도 좋았다. 어차피 나의 체면과 품위는 이미 사라져 어디에서도 찾아볼 수 없었으니까.

우리가 잠자리를 같이했을 때 절정에 이르렀던 그녀의 신음소리가 다시금 떠올랐다. 희열에 넘쳤던 그때의 신음소리도 혹시 가짜가 아니었을까?

지금은 어떤가? 그녀의 가식에 또 모른 척 속아 넘어가야 할까?

나는 독립적인 존재가 아니었던가? 내게도 인간으로서 기본적인 자유를 누릴 권리가 있지 않은가? 내겐 주민번호와 연금 등 사회 구성원으로 속했던 모든 시스템에서 벗어날지 말지에 대해 스스로 결정할 수 있는 권리가 있지 않은가?

사랑하는 에이린, 크리스티안, 유네, 그리고 사라. 이러한 내 결정을 존중해 주긴 바란다. 내겐 나를 결박하는 사회적 테두리에서 벗어나 자연으로 되돌아가는 길을 스스로 선택할 수 있는 자유가 있다. 이러한 내 마음을 나의 가장 가까운 가족들, 그러니까 이 오두막 방명록을 함께 쓰는 사람들에게만 알리고자 한다. 물론 내가 살고 있는 이 땅과 우주와 나누어야 할 것이기도 하지만.

벼락같은 소식은 무균 상태의 청결한 병원 진료실 안에만 국한된 것이 아니었다. 적어도 내게는 그랬다. 그 소식이 우주적 차원의 의미를 지니고 다가왔다. 나는 오랫동안 나의 우주적 기원을 동경해 왔다.

이제는 안녕이라 말해야 할 때가 왔다.

안녕, 마리안네. 당신은 내 주치의로서 맡은 일을 다했으니 이제 나와는 상관없는 사람이라네. 내가 당신의 브래지어를 처음 풀었던 것이 무려 사십여 년 전의 일이지. 그 일이 쉽지는 않았어. 당신은 그때 나를 도와주지 않았지. 그렇다고 내 손을 멈추려 하지도 않았고. 호만스뷔엔에서의 상황은 조금 달랐지만 말이야. 그때 당신이 조금

변했다고 생각했어. 세월이 흐른 탓이었을까? 당신은 스스로 옷을 벗어 버렸지.

"이제 내가 당신에게 전화하는 일은 없을 거야! 무슨 일이 있어도 당신에겐 전화하지 않을 거야! 그 어떤 일이 있어도 당신 말처럼 자주 연락하고 지내는 일은 없을 거라고."

어쩐 일인지 그녀는 진료실을 나가는 나를 선선히 보내주었다.

내가 마리안네를 떠난 게 그날이 세 번째였다.

계단을 성큼성큼 내려와 주차장에 도착한 나는 자동차 운전석에 털썩 몸을 던졌다. 두 손으로 얼굴을 감싸고 이삼 초 정도 꼼짝 않고 앉아 있다가 시동을 걸고 나선형의 주차장을 빙글빙글 돌아 입구로 나왔다. 핸들 위에 올려놓은 왼손에는 힘이 하나도 들어가지 않았고 내 맘대로 움직일 수도 없었다.

어디로 가야 할지 잘 알고 있었다. 이젠 나 자신이 주체가 되어야 했다. 이제부터는 내가 결정을 내릴 것이다.

먼저 슈퍼마켓에 들러 빵과 치즈, 그리고 햄을 샀다. 오이피클은 갑자기 먹고 싶어졌기에 마지막에 충동적으로 구입했다. 집에 들러 위스키 한 병을 가져오고 싶었지만 얼른 마음을 바꿔 먹었다. 술에 의지해 일시적으로 고통을 완화하는 요법은 사용하고 싶지 않았다. 잠시나마 술에 의지하려 했다니 코웃음이 절로 나왔다.

이쯤에서 중요한 것은 명예가 아니었던가?

게다가 내겐 해야 할 일이 남아 있었다. 오늘 저녁과 밤이 다 가기 전에 해야 할 일이었다. 내겐 시간이 얼마 없었다.

그것은 에이린이 오스트레일리아에서 돌아오기 전에 끝내야 하는 일이기도 했다. 그녀가 돌아와서 이 사실을 알게 된다면 그녀의 온 얼굴은 눈물과 콧물로 뒤범벅이 되겠지……. 이런 생각을 하다니, 문득 이상하다는 생각도 든다. 세상에서 가장 깊은 좌절과 비애는 극도의 감상적인 형태로 변질되기도 한다.

그렇다고 해서 꼭 감정의 구정물 속에 가라앉아 있을 필요는 없었다. 그 여부는 전적으로 내 결정에 달렸고, 내게는 스스로의 명예와 체면을 지킬 능력과 자격이 있었다.

한 번에 하나씩 해결해 나가는 것이 좋을 것이었다. 이미 삶의 가장자리에 서 있는 만큼 내게 허락되지 않은 것은 없었다. 그렇다. 내겐 모든 것이 허락되어 있었다.

가장 먼저 해야 할 일은 유서를 남기는 것이었다. 그것은 내가 내게 남기는 글이기도 했다.

내가 누구인지 알아내기 위해서는 우주의 깊숙한 곳으로 들어가 봐야 한다. 나 자신의 존재론적 상태를 이해하기 위해 투쟁해야 한다.

이 일을 하기 전에 필요한 사전 준비 사항을 짚어 보고, 꼼꼼하게 계획을 세워야 한다. 아직 완전히 절망적인 상태는 아니었다. 내겐 아직도 선택을 할 수 있는 여유가 남아 있었으니까.

〜〜〉〉

크링글렌으로 향하는 쭉 뻗은 도로를 제한 속도보다 평균 시속 이삼십 킬로미터 이상 빠르게 달렸다.

과속 단속을 하는 경찰들이 내 차를 세워 주었으면 좋겠다고 바랐다. 과속으로 이십 년 정도의 형을 사는 것은 어떨까? 정말 그랬으면 좋겠다는 생각이 문득 들었다. 종

신형을 내려 달라고 애원하는 것은? 사람이나 도시에서 멀리 떨어진, 가장 열악한 환경의 교도소에서 포주, 사기꾼, 살인자 등 다른 범죄자들과 함께 형을 사는 것도 좋을 것 같았다.

법정에 서서 판사에게 애원하는 내 모습을 상상해 보았다.

"저는 벌을 받아 마땅합니다! 과속 운전을 했습니다. 왼손을 제대로 움직일 수 없었기 때문에 나이 많은 노부인처럼 운전했고, 심지어 핸들을 놓치기까지 했습니다. 불행히도 제 차에 치인 희생자는 숨을 거두었습니다. 죄송합니다. 죄송합니다! 자, 이제 형을 내려 주십시오. 범죄자에게 형을 내리는 것은 당신들의 의무이자 책임이 아닙니까? 하지만 사형을 내리는 것만큼은 피해 주십시오. 저는 기본적으로 사형에 반대하는 사람입니다. 저는 단지 몇 달, 아니 몇 년만 더 살 수 있기만을 바랄 뿐……."

오른손에 슈퍼마켓의 비닐봉지를 덜렁덜렁 든 채, 오두막으로 향하는 가파른 오르막길을 걷는 중이었다. 그런데 그때 갑작스럽게 울분이 솟구쳤다. 신체의 다른 부분은 너무나 멀쩡한데, 단지 왼손의 손가락 몇 개를 제대로 사용할 수 없다는 이유만으로 죽을 날만 기다려야 한다는 사실을 믿을 수가 없었다. 몇 달 후면 제대로 걸을 수도 없을 것이다. 시간이 더 흐르면 모든 일에 도움을 받아야 할 것이고…… 혼자 힘으로는 아무것도 할 수 없는 갓난아이처럼 변할 것이다. 결국에는 혼자 음식을 먹을 수도 없을 것이다. 그때가 되면 호스를 이용해 유동식을 배에 직접 투입하는 방식으로 간신히 연명할 것이다. 숨을 쉬는 것도 쉽지 않을 것이기에 결국에는 호흡기에 의존해 살게 될 것이다. 마리안네도 이를 언급한 적이 있었다. 하지만 그러한 삶은 결코 내가 원하는 것이 아니다. 호흡기라니! 말도 안 되는 일이다!

처음 진료를 받아야겠다는 생각이 들었던 이유는 건강에 대한 불안감 때문이 아니었다. 단지 한쪽 손이 조금 아팠을 뿐, 그것이 전부였다. 처음엔 손가락에 염증이 생겼나 보다 짐작했다. 물론 좀 의아했던 것도 사실이었다. 평소 오른손을 많이 사용하기 때문에 왼손에 염증이 생길 이유가 없었기 때문이다.

마리안네는 증상을 듣자마자 무언가 심각하게 잘못되

었다고 생각한 모양이었다. 그녀는 통증을 완화시키는 진통제도 주지 않았다. 그녀는 내 손과 왼쪽 팔의 근육을 살펴보고선 사방이 흰색 벽으로 둘러싸인 최신식 엑스레이실로 나를 보냈다. 편안함과 안정감이라곤 전혀 느낄 수 없는 곳이었다. 그곳에서 사르트르의 「닫힌 방」이 상연되는 구식 연극 무대를 떠올렸다. 불쾌한 경험이었다.

국립 병원의 외래진료소 대기실에서 내 차례를 기다릴 때도 마찬가지였다.

"알버트 씨? 들어오시죠!"

숲에 봄이 찾아들었다. 눈이 거의 녹아 사라졌고 여기저기 싹을 틔운 민들레를 볼 수 있었다. 하지만 커다란 나무들 사이로 움푹 팬 땅에는 여전히 채 녹지 않은 눈덩이들이 자리하고 있었다. 대부분의 눈이 녹았다 하더라도 숲은 여전히 축축했다. 나는 학교에서 바로 오는 길이었기에 장화를 준비하지 못한 상황이었다. 오두막에 가면 장화와 양말을 찾아 신을 수 있으리라.

일 년 중 숲속을 걷기에 가장 쉽지 않은 때가 바로 이 기간이다. 숲은 춥고 거칠고 야생적이기까지 하다. 지난해에는 나뭇잎 무더기 속에서 죽은 생쥐 한 마리를 보았고, 거기서 몇 미터 떨어지지 않은 곳에선 눈이 내리기 전에 이미 동사한 것으로 보이는 작은 설치류 한 마리도 발견 했다. 하지만 꼭대기 근처의 평원에 오르자, 구름 한 점 없는 하늘에서 내리쬐는 저녁 햇살 덕에 '반짝이는 호수'를 볼 수 있었다. 역시나 아름다웠다.

어디선가 개똥지빠귀가 지저귀는 소리가 들렸다. 올해 들어 처음 듣는 새소리였다. 생기 있는 새소리가 내 무거운 마음과는 정반대였다. 물론 듣는 사람에 따라 다르게 들리겠지. 슬프고 우울하게 들릴 때도, 위안이 될 때도 있을 것이다.

호수에 가지를 늘어뜨린 키 큰 나무 위로 철새 한 무리가 V자 형태로 완벽하게 대칭을 이루며 북쪽으로 날아가고 있었다. 문득 내가 철새 떼와 정반대의 입장이라는 생각이 스쳤다. 내 삶은 비대칭적이며 완벽하지도 않다. 저 철새들이 다시 남쪽으로 날아갈 때가 되면 내 삶은 어떻게 변해 있을까?

지난날을 돌이켜 보았다. 에이린을 처음 만났던 때가 삼십칠 년 전이다. 따지고 보면 우리는 이미 꽤 긴 세월을 함께 살았다. 이 세상에서 영원한 삶을 사는 존재는 없으며, 우리도 언젠가는 죽음을 맞이할 수밖에 없다.

그럼에도 불구하고 그런 날이 내게 너무나 갑작스럽게 찾아왔다. 곧 이 세상의 모든 것과 연을 끊어야 한다는 사실을 묵묵히 받아들일 수가 없었다.

모든 것이 끝이었다. 어쩌면 운명이란 것은 삶이 자연스럽게 끝나기도 전에 이미 그 목적을 이행하도록 결정지어진 것이 아닐까? 비록 죽음이 눈앞에 다가오지 않았다 하더라도 말이다. 이제 얼마 가지 않아 내 신체 중에서 의지대로 움직일 수 있는 모든 근육들은 시들어 버릴 것이다.

내 손으로 스스로의 운명을 좌지우지할 수 없는 이 상황이 마치 악몽처럼 느껴졌다. 돌이킬 수 없을 정도로 때가 늦었다는 생각에 더더욱 견딜 수 없었다.

그것은 공포였다.

뭍에 있던 나룻배를 호수에 띄워 보기로 했다. 왼쪽 다리로 배를 지탱하고 오른손으로 배를 뒤집어 겨우 물에 띄울 수 있었다. 그러고선 잠긴 오두막 대문에 열쇠를 꽂았다. 오두막 열쇠는 자동차의 글로브 박스에 항상 들어 있었다.

우리가 오두막에 혼자 오는 일은 드물었다. 에이린이 자신의 어머니, 즉 아이들의 외할머니이자 사라의 증조할머니가 세상을 떠난 후 홀로 있을 시간이 필요하다며 오두막을 혼자 찾은 적이 있긴 하지만.

창문을 열고 벽난로에 불을 피우는 동안 대문을 살짝 열어 놓았다. 성냥에 불을 붙이려면 성냥갑을 왼손으로 잡아야만 했는데 다행히 그다지 어렵지 않았다.

오두막 안은 오랫동안 환기를 하지 않은 탓에 퀴퀴한 냄새가 났다. 벽난로에 불을 때며 환기를 시켰다. 동시에 창틀에 널브러져 있던 죽은 파리 떼들도 함께 치웠다. 지난번에 오두막을 방문했을 때는 그 파리들도 살아 있었으리라.

오두막에 온 것은 글을 쓰기 위해서였다. 내겐 결단을 내려야 할 일이 남아 있었다. 그것은 마리안네나 다른 의사들이 대신 해 줄 수 있는 일이 아니었다. 어쩌면 내 가족들도 할 수 없는 일일지도 모른다. 그렇다. 그 일은 오롯이 나 스스로 해야 하는 일이다.

생각을 정리하기 위해선 그 생각들을 종이 위에 옮겨

적는 것이 제일 좋은 방법이다. 적어도 내겐 그렇다.

아뿔싸! 종이를 가져오지 않았다. 도대체 어디에서 종이를 찾을 수 있을까?

위스키를 구입하기 위해 오던 거리에 가지 않았더라면 집에 들러 종이를 가져올 수 있었을 것이다. 아니, 근처 요케르 슈퍼마켓에 잠깐 들러 복사지를 살 수도 있었을 텐데…….

고심하던 중에 식탁 위에 있던 오두막 방명록이 눈에 띄었다. 우리가 오두막에 다녀갈 때마다 기록을 하고 식탁 위에 놓아두었던 것이다. 먹이를 찾은 굶주린 육식동물이라도 된 듯 방명록을 낚아챘다. 빈 종이가 대부분이었다. 그도 그럴 것이 구입한 지 얼마 되지 않은 것이었으니까.

빈 종이로 가득한 오두막 방명록을 들고 호수가 보이는 창가에 앉았다. 석양으로 물든 호수가 넓게 펼쳐졌다.

나는 아직도 그 자리에 앉아 있었다. 창밖은 어느새 어두컴컴해졌고, 방명록에는 비어 있는 장이 얼마 남지 않았다.

인간은 무엇인가? 그것이 바로 내가 던지고자 하는 질문이다.

우리가 이곳에 존재하는 것은 우연일까?

우리는 화학적, 물리적 방식을 제외한 다른 방법으로 서로 연결될 수 있을까?

창밖의 호수 위로 밤하늘의 별이 내려앉았고, 나는 어둠 속으로 빨려 들어갔다.

창가에 너무 오래 앉아 있었던 탓일까? 밖으로 나가고 싶은 충동을 느꼈다. 활짝 열린 밤하늘을 느끼고 싶었다. 마리안네의 진료실에 앉아 있을 때보다 밖으로 나가고 싶은 충동이 더욱 크게 솟구쳤다.

두꺼운 외투를 입고 모자를 눌러쓴 후, 대문을 열고 밖으로 나갔다. 대문 밖으로 발을 내딛자 그곳이 내 집인 것 같은 느낌이 들었다. 활짝 열린 저 우주가 바로 나의 거실이라는 생각도.

고개를 들고 수수께끼로 가득 찬 별들을 바라보았다. 셀 수 없이 많은 별들이 밤하늘 속에 흩뿌려져 있었다. 시선을 내리면 호수에 담긴 하늘도 볼 수 있었다. 언뜻 머리 위의 하늘보다 두 배는 더 큰 것 같았다. 밤이 되면 호수의 깊이가 수백만 광년에 비할 수 있을 정도로 더욱 깊은 것 같기도 했다.

구름 한 점 없기에 청아하고 깊은 밤하늘은 너무나 깨끗했다. 달도 없었고 내 시야를 가리는 것도 없었다.

오두막에 켜 놓았던 양초를 이미 모두 끄고 나왔다. 내 손에는 작은 손전등 하나뿐이었다. 손전등 불빛마저 사라지게 되면 경건함마저 느낄 수 있을 것이다.

밤하늘 아래에서 에이린과 나는 우리가 이해하지 못하는 모든 것들을 떠올리며 황홀감에 몸을 떨곤 했다.

작년 부활절에는 사라와 함께 이 자리에 서 있었다. 그날은 환한 달빛과 깊이를 알 수 없는 어둠이 공존하며 호숫가의 숲을 감싸 안았다. 그 신비롭고 매혹적인 분위기는 경외심을 불러일으키기에 충분했다.

헐벗은 자작나무 너머로 보이는 풍경은 위엄과 당당함 그 자체였다.

숨이 멎을 정도의 장관이었다!

하지만 그곳에서는 나의 몸과 영혼을 의지할 수 있는 어떠한 영원성도 찾아볼 수 없었다. 지친 영혼을 달랠 수 있을 만한 그 어떤 것도. 단지 셀 수 없이 많은 별들이 탄생하고 죽음으로써 만들어 내는 광활한 우주의 불꽃 축제, 그리고 새로운 별들이 생성될 때 만들어 내는 우주의 먼지, 우주진뿐이었다.

에이린과 나, 둘 중에 밤하늘을 더욱 뚫어지게 바라보았던 사람은 나였다. 나는 인문주의자였고 천문학에 관심이 많은 아마추어 천문학자였기 때문이다. 에이린은 나와 좀 달랐다. 그녀의 시선은 저 먼 우주보다는 우리가 발을 딛고 사는 이 지구에 머물러 있을 때가 더 많았다. 그녀는 살아 움직이는 우리 주변의 것들을 매우 날카로운 시선으로 바라보곤 했다.

아주 가끔 우리의 좌표가 만날 때도 있었다. 우주와 별을 향한 나의 관심과, 지구에 존재하는 생명체를 향한 에이린의 관심이 정확히 만나는 지점이었다.

에이린의 이름을 딴 청록색 미생물이 있다는 사실이 놀랍지 않은가? 노스톡 에이리네. 나는 에이린의 학문적 헌신과 노력을 잘 알기에 적합한 대우를 받은 거라고 생각했다. 빙하를 연상시키는 푸른 눈의 에이린이 청록색 박테리아를 발견했다는 사실이 너무나 당연하지 않은가? 물론 그 박테리아는 이미 존재했던 생물체였다. 그것은 이 지구상에서 가장 오랫동안 존재해 왔던 미생물 중의 하나이며, 광합성이 이루어지는 환경에서 흔히 찾아볼 수 있는 것이었다. 이를 바탕으로 유추해 보았을 때, 우주 속에 우리와 비슷한 환경을 지닌 행성이 있다면 비록 인간이 아니라 할지라도 생명체가 존재할 수 있다는 가설을 충분히 세울 수 있었다.

천문학자에 의하면 우리는 지구형 행성(태양계에서 규산염 등의 암석이나 금속 및 고체 상태의 물질을 주성분으로 하는 행성을 일컬음-옮긴이)에 살고 있으며 이 지구형 행성은 태양을 중심으로 하는 소위 '골디락스 지대' 즉, 태양계 내에서 생명체가 살 수 있는 영역에 자리하고 있다. 이 지대에서는 생명체가 생성되고 존재할 수 있기에 춥지도 덥지도 않은 딱 적당한 환경으로 이루어져 있다.

생명체가 존재하기에 딱 적당한 환경에서는 엄청난 양의 물을 찾아볼 수 있다. 우주적 차원에서 본다면 이러한 환경은 매우 희귀하다.

천문학자들은 우주에서 생명체를 찾을 때 가장 먼저 물의 존재 여부를 따진다. 언젠가 그들이 골디락스 지대에서 졸졸 흐르는 시냇물과 널찍한 강물과 깊고 신비로운 바다가 존재하는 지구형 행성을 찾아낸다면, 그곳에 생명체가 존재하지 않는다는 사실에 더욱 놀랄지도 모른다.

생명체의 종류는 셀 수 없이 많다. 어쩌면 저 광활한 우주 속에도 셀 수 없이 많은 미생물들이 이미 존재하고 있을지도 모른다. 더욱이 그 미생물 중 하나가 내 아내의 이름을 딴 것이라면 그 뿌듯함을 숨길 수 없을 것이다. 미생물이 지능을 가진 생명체로 발전하기까지는 엄청난 시간이 걸린다. 그 시간은 너무 길기에, 어쩌면 억겁의 세월이 흐른다 하더라도 지능을 가진 생명체의 특권은 우리 인간만 누릴 수 있는 것이 될지도 모른다.

작년 부활절 때, 사라와 함께 달빛 아래에 서서 이런 이야기를 나누었던 기억이 난다. 사라는 그때 열한 살에 불과한 어린아이였다.

다시 오두막 안으로 들어와 글을 쓰기 시작했다. 크리스티안도 사라만큼이나 어렸을 때 나와 이런 비슷한 대화를 나눈 적이 있었다.

크리스티안은 우주의 다른 행성에도 생명체가 살고 있는지 궁금해했다. 당시 80년대였고, 그전에는 태양계 밖에 존재하는 소위 외계 행성의 존재 여부에 관해선 전혀 알려져 있지 않았다. 나사에서 외계 행성의 존재 여부를 공식화하기 시작한 것은 최근의 일이다.

우주 망원경 케플러는 불과 몇 주 전에 지구 대기권 바깥의 우주 공간으로 쏘아 올려졌다. 이제 우리는 다가올 몇 년 이내에 케플러 망원경을 통해 수백, 수천 개의 새로운 세상을 접하게 될지도 모른다. 케플러 망원경은 미지의 은하계에서 소위 골디락스 지대에 위치한 지구형 행성을 찾기 위해 특별히 만들어졌다. 저 광활한 우주 속에서 우리에게 익숙한 생명체가 살기에 딱 적당한 환경을 가진 행성을 찾기 위해……

"다른 행성에도 생명체가 살고 있을까요?"

열두 살짜리 소년이 나를 쳐다보며 질문을 던졌다.

나는 고개를 절레절레 흔들며 모른다고 대답했다.

그런 나를 보며 크리스티안은 실망스러운 표정을 지었다.

"크리스티안, 한번 상상해 보렴. 저 우주에 가지각색의 수많은 생명체가 살고 있다고 말이야."

소년은 눈을 동그랗게 치켜뜨고 "우와!" 하고 소리쳤다.

"크리스티안, 그렇다면 이번에는 반대로 상상해 보자. 만약 이토록 넓은 우주에서 생명체가 존재하는 행성이 지구뿐이라면 어떨까? 그러면 우리는 우주에 존재하는 유일한 생명체가 되겠지. 적어도 지능을 가진 유일한 생명체 말야……."

크리스티안은 다시 나를 쳐다보며 "우와!" 하고 소리쳤다.

그 두 개의 시각은 각각의 매력을 지녔으며, 서로를 더 돋보이게 하는 역할까지 했다.

자신이 그러한 질문을 던진 날부터 그 아이는 지구의 생명체, 즉 인간으로 살아가는 경험을 더욱 강렬하게 느낄 수 있었으리라 생각한다.

뿐만 아니라, 아이는 그날 이후에도 종종 같은 질문을 던지곤 했다.

사라가 지금의 크리스티안 나이가 되면, 우리도 저 우주에 관해 훨씬 많이 알게 되겠지. 사라가 나 또는 에이린의 나이가 되면 더더욱 그러할 것이다.

　지금 이 순간, 크리스티안이 던졌던 질문에 관한 대답을 다시 생각해 본다. 어쩌면 생명체라는 것은 이 우주를 설명하는 핵심적 요소가 아닐까?

　이제 그만 수수께끼로 가득 찬 우주 이야기는 접어야 할 것 같다. 문득 임종을 코앞에 두고 대관식을 행하는 황제가 된 듯한 허무한 느낌에 사로잡혔기 때문이다!

　비록 지구형 행성이 끝없는 사막에 흩어져 있는 한 줌의 다이아몬드처럼 매우 희귀하다고는 하나, 빅뱅이 백삼십칠 억년 전에 있었다는 사실을 생각한다면 그곳에서도 언젠가는 생명체가 생겨날 것이 틀림없다. 어쩌면 언젠가는 나와 비슷한 생명체가 생겨날 가능성도 있다. 그럼에도 불구하고 나는 저 우주라는 사막에서 엄청난 가치를 지닌 희귀하고 귀중한 다이아몬드 중의 하나다.

　하지만 무슨 의미가 있겠는가? 이 사실에 내가 지금 만족하고 행복해할 수 있는가?

　나는 지금 녹아 사라질 운명에 처해 있다. 곧 저 광활한 사막, 죽음의 세계로 되돌아갈 것이다.

다른 시각에서 의미를 찾아보려 무진 애를 써 보았다. 삶을 보는 시각이 달라지지 않을 수도 있지만 더욱 깊이 들어가 보는 것도 좋을 것이다.

삶의 수수께끼를 이루는 핵심을 건드려 보고자 한다. 동시에 폴 데이비스의 『코스믹 잭팟』을 읽은 후 깊은 관심을 가졌던 천체물리학적 시각에서도 바라볼 생각이다. 이 책을 읽은 후, 이쪽으로 흥미가 생겨 같은 분야의 다른 책도 꽤 많이 읽어 보았다.

원자는 어떻게 생성되었는가? 원자는 우리의 몸뿐 아니라 우주를 구성하는 기본적인 요소다.

분자와 고분자를 비롯한 원자들을 빅뱅의 산유물이라 단정할 수 없다. 단순한 수소 원자 하나도 사자나 코끼리와 마찬가지로 불가사의한 물질이라 할 수 있으니까. 빅뱅 이후부터 주기율표의 원자 중 하나가 생성될 수 있는 시간은, 원자가 생성됐을 때부터 내가 지금 이 순간 여기 앉아 글을 쓰며 존재하기까지의 시간보다 훨씬 길다.

이제 찬찬히 내가 생각했던 바를 글로 풀어놓을까 한다. 사라는 이 할아버지가 쓴 글을 읽고 슬퍼하거나 절망할 필요가 없다. 다른 가족들도 마찬가지다.

세상의 거대한 모순과 역설을 글로 옮기는 이 시간이 내겐 매우 의미 있다. 궁극적인 선택을 내리기 전에 우주가 품고 있는 가장 큰 수수께끼를 한 번쯤은 건드려 보는 것도 좋지 않을까?

지금 여기 앉아 글을 쓰는 행위는 나만을 위한 것이 아니다. 시간이 갈수록 사색하거나 글을 쓰는 이 행위가 전 우주를 위한 것이라는 생각을 지울 수가 없다.

우주가 태초에 조금이라도 어긋나 있었더라면, 빅뱅 직후 몇 만분의 일 초 내에 이미 파괴되었을지도 모른다. 설사 파괴되지 않았더라도, 황폐하고 텅 빈 공간으로 남았을 것이 틀림없었다. 그럴 경우 빅뱅은 이 우주의 생명체는 물론 조그마한 원자 하나가 존재하는 일에도 하등 도움이 되지 못했을 것이다.

이처럼 실패한 우주에 대해 상상하는 건 일리 있는 일이다. 그런 우주는 순식간에 소멸하거나 거대한 불모지로 남게 될 것이다. 우주는 그런 상태를 유지할 수 없을 것이 분명하다. 빅뱅이 원자, 별, 또는 코끼리의 존재 근거가 될 수 없는 것은 물론이며, 지금 이 자리에 앉아 고뇌에 가득 찬 채 오두막 방명록에 글을 쓰고 있는 나도 존재할 수 없을 것이다.

이것은 무엇을 의미할까? 또 왜 이것은 내게 이토록 중요하게 다가오는 것일까? 잠깐만! 이것이 무엇을 의미하는지 간단한 예를 한두 개 들어 보고자 한다.

만약 우주가 생성되던 태초에 물질보다 반물질이 더 많았더라면, 그 우주는 물리학자들의 말대로 소멸되었을 것이 분명하다. 빅뱅이 일어난 후 눈 깜짝할 사이에 바로 사라졌을 거라는 말이다. 따라서 당시 반물질보다 물질이 더 많았다는 사실은 어떤 면에서 가히 미스터리가 아닐 수 없다.

소위 원자력이라는 게 더욱 약했더라면 지구와 달은 물론 생명체의 존재 가능성도 없었을 것이다. 지금의 내가 존재하지 못했으리라는 것은 두말할 것도 없다. 원자력이 조금 더 강했을 경우에도 수소가 전혀 존재하지 못했을 테니 수많은 별들과 은하계는 물론, 생명체도 존재할 수 없다.

예를 하나 더 들어 보자. 만약 우리가 알고 있는 중력이 지금보다 조금 더 강했더라면 태양은 더욱 강렬하게 빛을 발했을 것이고 제 수명보다 훨씬 일찍 타들어 가 사멸했을 것이 틀림없다. 은하계에 흩어져 있는 각각의 별들 또한 제 모습을 갖추기도 전에 그 수명을 다할 수밖에 없을 것이다. 만약 중력이 조금만 더 약했더라면 초신성은 처음부터 찾아볼 수 없었을 것이다. 초신성이 존재하지 않는다면 부피가 큰 원자들도 생성될 수 없으며, 더불어 우리에게 익숙한 생명체들이 존재할 가능성도 줄기 마련이다.

자연의 기본적인 힘 또는 기본적인 상호작용—즉 중력, 약력, 강력, 전자기력 등—이 매우 정교하게 균형을 이루고 있기에 갖가지 생명체들이 존재할 수 있다. 물론 이들의 상호 균형적 가치가 지금과는 다른 형태로 존재했을 수도 있다. 어쨌거나 균형을 이루고 있는 각각의 매개변수가 조금이라도 달랐다면, 우리의 우주는 천체나 생명체라고는 전혀 찾아볼 수 없는 황폐한 불모지의 모습으로 존재했을 것이 틀림없다. 그러한 우주가 존재할 수 있다 해도, 이를 관찰하는 천문학자들은 물론 현재의 우리도 있을 수 없으므로 아무런 의미를 찾을 수 없다.

지금의 우주는 매우 안정적이고 견고하며 비옥하기까지 하다. 자연의 기본적인 요소들과 소위 물리적 불변의 수많은 요소들은 우리에게 익숙한 원자들과 별들, 그리고 우리들이 존재하기에 딱 적당하게 구성되어 있다.

이러한 세상이 바로 골디락스 지대에 위치하고 있다! 그리고 그곳에는 원자와 분자, 행성과 별들은 물론, 우리와 같은 생명체가 존재하기 위한 기본적인 환경이 태초부터 매우 정교하게 구성되어 있다.

이런 생각을 하자니 광대한 우주의 진리에 숨이 막히고 몸이 떨릴 지경이다. 이토록 현명하고 사려 깊은 방식으로 이루어진 세상을 곧 떠나야 한다니. 아, '현명하고 사려 깊다'는 표현이 조금 어울리지 않을 수도 있겠다. 이 세상을 창조한 어떤 지능적인 개체가 있다는 것을 전제하는 것처럼 느껴질 수도 있기 때문이다.

또 다른 가능성은, 태초에 무수한 우주들이 각각의 막에 둘러싸여 개별적으로 생성되었다는 것도 생각해 볼 수 있다. 이것은 다중 우주론의 사고방식이기도 하다. 하지만 대부분의 개별적 우주는 매우 불안정하기에 생성 즉시 사멸의 길을 걸어야만 했다. 존재의 기반이 되는 기본적 힘과 물질의 상호 관계가 적당하고 올바른 값을 지니지 못했기 때문이다. 그러한 우주는 오직 일등 당첨자만 주목받는 로또의 세계에서, 당첨되지 않은 무가치한 로또 번호들에 비유할 수 있다. 즉 생명체로 가득하며 현존하는 우리의 우주는 일등에 당첨된 로또라고 할 수 있었다.

우리는 가끔 로또에 당첨된 이들의 인터뷰 기사를 접할 때가 있다. 반면 로또에 당첨되지 않은 사람들에 관해서는 아무것도 모른다. 그들의 수가 무수함에도 불구하고 당첨 번호 발표 직후 우리의 사고 영역에서 몇 초 내에 사라지기 마련이다.

이러한 점을 고려했을 때, 지성을 지닌 인간이 존재할 수 있었던 것은 불가해한 우연 때문이라고 말할 수도 있다. 우리가 단순히 물리적, 화학적 요소에 기반한 우연의 산물이라는 사실에 누가 반대할 수 있을까? 그렇다면 이 우주는 우리가 알지 못하는 다른 무언가에 의해 생성되었고 그로 인해 존재한다는 사실도 배제할 수 없다.

나는 지금 왜 이러한 것들에 집중하고 있는가? 그 이유를 한마디로 대답할 수 있다. 그것은 바로 희망을 갈구하고 있기 때문이다. 희망은 무엇인가? 그 대답은 나도 모른다. 전혀 알 수 없다. 내가 아는 것이라곤 고작 이런 거다. 희망이란, 거대한 사막에서 우연히 커다란 다이아몬드를 발견했을 때처럼 경이로운 것이 아닐까 하는.

⟫⟫⟩

이처럼 경계를 찾을 수 없는 무한한 사고에서 벗어나 잠시 과거로 되돌아가고자 한다. 70년대 초, 9월의 어느 날 아침. 소푸스 부게 캠퍼스의 휴게실에서 우연히 에이린을 만났던 그날로.

우리는 서로 눈이 마주치는 순간 깜짝 놀랐다!

도대체 그 순간에 무슨 일이 있었던 걸까? 그 대답은 나도 모른다. 어떤 일이 있었던 것만은 틀림없다. 그 순간에 딱 적당한 어떤 일이 우리에게 일어났던 것이다.

만약 에이린을 만나지 않았더라면 마리안네와 계속 연인 사이로 지냈을지도 모른다. 그랬다면 마리안네와 내겐 에이린을 우연히 만난 일 자체가 재앙이며, 연인 관계였던 마리안네와 나는 로또에 당첨되지 않은 불운의 한 쌍이 되는 것이다. 그로부터 십 년 후에 있었던 일은 단지 덧난 상처에 바른 연고에 불과했을 뿐.

아주 오래전, 산책을 하자며 요툰헤이멘으로 나를 데리
갔던 사람은 마리안네였다. 그날을 아직도 잊지 못한다.
우리는 스톡홀름의 국립극장에서 레나 그란하겐이 셴테
역을 맡았던 〈사천의 선인〉을 관람하기도 했다. 내가 연극
에 관심을 갖게 된 것은 마리안네 덕분이었다. 우리는 오
슬로에서 셰익스피어, 입센, 체호프, 스트린드베리, 베케
트의 작품은 물론 비외르네부, 곰브로비치, 핀터의 작품도
함께 관람했다.

모든 것을 아직도 선명하게 기억하고 있다. 우리는 항상
나란히 앉아 손을 잡고 연극을 보았다. 각자 연극에 빠져
들어 긴장이 되거나 감동을 받을 때면 맞잡은 손에 저절
로 힘이 들어갔다.

마리안네는 나를 '영원의 아이'라고 불렀고 나는 이를
거부하지 않았다. 무엇 때문에 그랬는지는 기억할 수 없
고 누가 먼저 그런 표현을 사용했는지도 알 수 없다.

하지만 에이린과 마주친 후 나는 에이린의 모습을 머릿
속에서 지울 수가 없었다. 에이린과 나는 함께 긴 드라이브
를 했고, 그날부터 우리는 돌이킬 수 없는 관계가 되었다.

70년대 초의 사회적 분위기에 따르면 에이린과 나는 그다지 적절치 못한 행위를 했고, 그래서 약혼을 서두르게 되었다. 그때 맞췄던 약혼반지이자 결혼반지를 내려다보았다.

금은 수십억 년 전에 있었던 초신성 폭발의 결과로 생긴 물질이다. 우리의 반지는 거대한 별이 폭발하고 소멸한 다음 생겨난 잔류물인 것이다. 우리는 그 옛날, 별이 파괴되며 남은 것으로 서로에게 속한다는 약속을 했다.

우리가 우주와 떼려야 뗄 수 없는 존재라는 것을 생각한다면 그것은 꽤 그럴듯하게 들리기도 한다. 우리 또한 초신성 폭발로 인해 생성된 물질로 이루어진 존재이니까. 그렇다. 우리는 우주의 티끌, 우주진이라고도 할 수 있었다.

그러나 우리 스스로를 우주의 티끌이라 칭하기보다 우주의 불꽃 또는 섬광이라 부르면 어떨까? 우리는 우주의 암흑 속에서 빛을 발하는 존재이기도 하니까.

꒛꒛ꭨꭨ

벽난로 속에 장작을 몇 개 더 넣었다. 마른 장작이 불에 타는 소리를 들으며 다시 약혼반지를 내려다보았다.

초신성 폭발로 생성된 금이라는 물질이 내 반지 속에도 포함되어 있다는 사실, 그리고 지금 양초의 불빛이 내 책상을 밝히고 있다는 사실은 언뜻 이해할 수 없을 정도로 이상하다. 더욱 놀라운 사실은 우리가 이처럼 거대한 우주적 연관성을 이해할 만한 능력을 가지고 있다는 점이다.

인간이 이처럼 이상하고도 경이로운 능력을 갖기까지는 수백만 년의 시간을 거쳐야만 했다. 이제 지구상의 생명체가 진화하고 발전해 왔던 과정을 생각해 보자.

인간의 뇌 또한 골디락스 지대에서 찾아볼 수 있다.

인간의 뇌? 그것은 무엇을 의미하는가?

우리의 뇌는 현재보다 더 클 수 없었을 것이다. 그랬다면 여인들이 직립 보행과 출산을 동시에 해낼 수 없었을 테니까. 이것은 매우 중요한 전제 조건이다. 직립 보행이 불가능하다면 우리는 손을 자유자재로 사용할 수 없고, 손을 마음대로 사용할 수 없다면 뇌가 발달할 수 없다.

인간의 뇌가 지금보다 더 작은 경우도 마찬가지다. 뇌의 용량이 충분치 않을 경우, 이성을 바탕으로 한 의사소통도 할 수 없을 것이며, 이 세상을 이해할 수 있는 능력도 갖추지 못했을 것이다. 만물의 영장이라고 불리는 인간이 아니라, 평범한 동물의 한 종류에 지나지 않았을 것이다.

생리학적으로 인간의 뇌는 정교한 균형체로서 놀랄 만큼 아름답다. 직립보행을 전제 조건이라 했을 때 뇌의 크기와 출산을 위한 질의 넓이는 매우 상대적이므로, 이들 요소 간의 특별한 균형이 요구된다. 인간의 뇌는 직립보행을 하는 여성이 출산을 하기에 딱 적당할 정도의 크기이며, 동시에 자연과 세상을 이해할 수 있을 만큼 충분한 크기를 지니고 있다.

우리의 뇌는 우리가 살아가는 이 우주와 완벽한 조화를 이룬다. 뇌는 우주 그 자체로 연상될 정도로 완벽하고도 포괄적인 개체이므로, 우리는 흔히 인간의 뇌를 작은 우주라고 일컫는다. 반면 생쥐나 코끼리의 뇌를 작은 우주라고 말하지는 않는다.

자연은 한계치를 최대한으로, 반복적으로 늘려 왔다. 역사적으로 출산 중에 목숨을 잃은 여성과 출생 직후 목숨을 잃은 갓난아기들이 셀 수 없이 많다.

우주를 향한 우리의 관심과 능력 때문에 우리는 그간

크나큰 대가를 치러야만 했다. 달에 착륙하기 위해서는 물론이며, 우주의 역사와 행성들을 관찰하는 데 엄청난 희생과 돈을 지불해 왔다.

우리 가족 내에서도 출산과 관련된 예를 들 수 있다. 사라가 태어날 때였다. 사라도 이 이야기를 수도 없이 들어 왔을 것이다. 사라가 세상에 나오기 직전 유네의 고통은 이루 말할 수 없었고, 결국 유네는 제왕절개 수술을 해야만 했다.

말이 나온 김에 빅뱅에서부터 현재까지 이르는 우주의 역사를 살펴보자. 이것은 인간이 이룩한 업적 중의 하나이기도 하다. 우리는 자연의 깊은 비밀을 알아냈고, 이를 통해 소위 자연의 법칙과 완벽한 우연을 구별해 낼 수 있게 되었다.

지구상에서 인간을 제외한 다른 어떤 존재도 우주와 자연의 비밀을 사색하지 못한다. 까마귀도, 돼지도, 다람쥐나 코끼리도 마찬가지다. 어쩌면 이러한 능력을 지닌 존재는 전 우주를 통틀어 우리 인간뿐일지도 모른다.

동물과 조류와 식물들을 구별하고 거기에 이름을 붙이

는 존재는 우리 인간뿐이다. 우리는 개개의 현상을 구별하고, 자연과 우주에 속한 모든 것들에게 이름을 붙인다. '태양'과 '달', '투구꽃'과 '미나리아재비' 등.

'오두막 방명록'도 그중 하나다.

서쪽 창가에 앉아 글을 쓰던 중, 오두막 방명록의 앞장을 뒤적여 사라가 그린 두 마리의 '백조'를 보았다.

우리의 선조들도 그림을 그릴 수 있었다. 동굴 벽화나 들판의 암석을 보면 알 수 있다. 주변의 풍경을 그림으로 표현할 줄 아는 존재가 지구뿐만이 아니라 저 우주의 이름 모를 별에도 존재할까?

>>>>

지금까지의 내 생각을 어느 정도 글로 옮겼다.

나는 지금까지 왜 이런 말을 늘어놓았던가? 궁극적으로 말하고자 하는 것은 과연 무엇인가?

사색을 모두 담아내기에 종이가 모자라진 않을지 약간 걱정이 되기도 한다. 하고 싶은 말이 분명히 있었는데 글을 쓰다 보니 이 글이 나를 어디로 이끌지 모르겠다. 이제 정말 시간이 얼마 남지 않았다.

　나는 지금까지 인간의 지성과 이성을 찬양해 왔다. 하지만 인간의 지능과 이해력은 어마어마한 비용과 희생을 지불해 왔던 것이 사실이다. 바로 그 이면에 관해 생각하는 지금 이 순간, 내 가슴속에 폭풍이 휘몰아치듯 걷잡을 수 없는 불안감이 솟구친다.

　어쩌면 인간의 뇌는 딱 적당한 크기보다 조금 더 클지도 모른다. 그 때문에 우리는 필요 이상으로 깊이 사고하는 건 아닐까?

　평생 동안 우리는 우리가 경험하는 이 멋진 현상들과 자연―엄청나게 많은 종류의 생명체가 즐비한 땅과 바닷속과, 머리 위로 별이 가득한 하늘―을 언젠가 떠나야 한다는 확신 속에서 살아왔다. 그리고 이제 그 시간이 내 코앞으로 다가왔다. 잠깐의 삶에 대한 대가치고는 비싼 대가다.

　우리는 누구도 피할 수 없는 무거운 빚을 안고 살아간다. 그러던 어느 날, 그 빚을 독촉하는 저승사자가 문 앞에 서 있다. 빚을 갚을 때가 온 것이다. 빌렸던 것에서 단 한 푼도 가감하지 않은 정확한 액수 그대로를 돌려줘야 한다.

나는 이 세상 전부를 빌려 살아왔다. 이제 그 빚을 갚아야 한다. 할부는 생각할 수도 없다. 단번에 모든 것을 갚아야 한다. 사랑하는 사람도 남겨 두고 떠나야 한다. 채무 문서에 그렇게 적혀 있다. 내겐 사랑하는 아들과 며느리와 눈에 넣어도 아프지 않을 만큼 사랑스러운 손녀딸 사라가 있다. 친구와 동료들도 있다. 하지만 무릎을 꿇고 애원해도 변하는 건 없을 것이다. 그들은 삶이 내게 건네주었던 선물이자 빚이기도 하다. 이제 나는 지나온 삶에 감사하며 빚을 갚아야 할 때가 왔다.

삶에는 행복한 순간들이 간간히 자리하고 있다.

문제는 우리가 단 한 순간도 존재 그 자체에 멈춰 있지 않았다는 것이다. 그러니까 단 한 순간도 존재적인 순간은 없었다. 모든 것들은 항상 존재의 성립 과정 중에 있는 셈이었다. 세상에 정적이고 영원한 것이 없다는 말은 진리일지도 모른다.

수년 전 어느 가을날, 나룻배 위에서 노를 젓던 에이린이 갑자기 절망에 빠졌던 것도 바로 이 때문이 아닐까? 에이린은 이미 그때 깨달았을지도 모른다. 이 세상은 해석 불가능한 수많은 순간들이 모여 이루어졌을 뿐, 영원이라는 것은 존재하지 않는다는 사실을 말이다.

우리는 삶을 살아오며 수많은 공간을 마치 성난 바람처럼 지나쳐 왔다. 그리고 그 유령 같고 답답하기까지 한 바람에 관해선 입에 올리지 않는다. 우리 외에는 그 어떠한 영혼도 찾아볼 수 없다고 단정 짓는 것이다. 그렇다고 우리 눈에 보이지 않는 그 어둑한 그림자들이 사라지는 것은 아니다.

더구나 우리가 섬뜩한 이유는 유령이 아니라 우리가 느끼는 바로 그 어둑한 그림자들 때문이다. 우리가 공포를 느끼는 이유는 유령 그 자체가 아니라 유령이 존재하는 바로 그곳, 즉 세상의 또 다른 면이 존재한다는 사실 때문이다.

우리는 결국 세상을 잃어버릴 뿐 아니라, 우리 스스로를 잃어버리게 된다. 우리는 곧 우리가 속해 있다고 생각한 인간이라는 종에서 벗어나게 된다.

에이린!

크리스티안, 유네, 사라!

마리안네!

죽음을 앞두고 있다는 사실에 나는 절망을 느낀다.

생각하면 할수록 우리가 마지막 순간에 갚아야 할 것들의 가치가 더 커지는 것 같다. 행복한 삶을 살았다는 이유만으로 세상에 되돌려 주어야 할 것이 너무나 많다. 삶을 통해 스스로의 존재를 과시하며 살아왔지만, 우리는 정작 하루살이에 지나지 않았던 것이다. 게다가 세상을 떠난 후엔 사랑하는 사람들을 찾아다니며 인사를 건넬 기회도 없다.

순수하고 강렬한 삶의 기쁨과 충동적이고 자발적인 놀이의 즐거움은, 미국 아동심리학 용어에서 말하는 '꿈의 어린 시절'에서만 가능한 일이다. 어떤 일정한 나이에 이르게 되면 인간에겐 변화가 생기고, 우리는 소위 스웨덴의 노래 제목이기도 한 〈즐겁고 신비한 사람들〉의 무리에서 자연히 벗어나게 된다.

그러나 어린아이 외에도 이러한 무리에 속하는 인간 부류가 하나 더 있다. 이들은 삶을 전반적으로 평온하게 받아들인다. 바로 신앙심이 깊은 종교인들이다. 그들은 현세

보다 더 나은 내세를 경험할 것이라 진실되게 믿는 사람들이다.

그들에 의하면 이 땅에서의 삶은 비좁고 불쾌한 지하실에서 사는 것에 비유할 수 있다. 그들은 이번 삶이 끝나면 다음 세상에서는 환하고 넓은 지상에서 행복하게 살 수 있을 것이라 믿는다. 그들에게는 그곳이 바로 진실한 세상이며 호화로움과 은혜가 넘쳐흐르는 영원한 삶의 터전이다.

그래서일까? 이들도 어린아이와 마찬가지로 기쁨과 행복을 쉽게 느낄 수 있는 태도로 삶을 살아간다.

중요한 질문을 할 때가 왔다.

나는 이제 몇 달 남지 않은 불명예스러운 시간을 살아내야 할까? 아니면 내 손으로 모든 것을 끝내 버리는 것이 더 나을까?

이 질문은 나와 혈연관계에 있는 사람들에게 매우 아픈 질문이 될 것이다. 하지만 피할 수 없다.

죽는 것은 두렵지 않다. 오히려 그 정반대다. 내 신체 기능이 하나둘 사라져 결국은 식물인간의 상태로 숨이 끊어질 때까지 살아야 한다는 사실과, 얼마나 오랫동안 그러한 상태로 살아야 하는지 모른다는 사실이 슬프고 괴로울 뿐이다. 매시간마다 아니 매분 매초마다 내 삶을 타인의 정성과 도움에 의지해야 한다고 생각하니 비참하기 짝이 없다.

주변 세상과 더 이상 소통할 수 없는 내 모습을 떠올려 본다. 여전히 개똥지빠귀들이 지저귀는 소리는 들을 수 있겠지만, 소리 나는 쪽으로 시선을 돌리지는 못할 것이다.

주변의 가까운 이들에게 모든 것을 의지해야 할 것이다. 어쩌면 그들은 내게 밤하늘의 별을 보여 주기 위해 한밤중에 나를 휠체어에 태워 밖으로 나갈지도 모른다. 하지만 나는 밤하늘의 아름다운 별을 보면서도 아무 말도 할 수 없을 것이다.

세상에 속해 있을 것이나 세상과의 소통은 불가능한 상태로 살아갈 것이다.

휠체어에 구부정하게 앉아 있는 내게 에이린이 다가와 내 귀에다 사랑한다고 매우 크게 소리칠지도 모른다. 내

청각만큼은 문제가 없다는 사실을 그녀는 잊었으리라. 그녀가 대답 없는 내 뺨을 어루만지지만, 나는 그녀에게 돌려줄 것이 아무것도 없다.

크리스티안, 유네, 사라도 마찬가지다. 내가 그들에게 응답의 표시로 줄 수 있는 것은 단지 눈동자의 움직임뿐. 그런 나의 두 눈은 새장에 갇힌 두 마리의 작은 새를 닮았으리라……

오, 그런 일은 생각조차 하기 싫다!

나룻배를 타고 호수의 한가운데까지 가서 물에 빠져 죽는 내 모습을 상상해 보았다. 빠르면 오늘 밤에 그 일이 일어날지도 모른다. 그렇다. 그러려면 밤이 오기를 기다려야 한다. 이런 기회가 두 번 다시 오지 않을 수도 있으니 한다면 오늘 밤이어야만 한다. 물이 얼음처럼 차가운 데다 호수 주변에는 여전히 녹지 않은 눈 무더기가 여기저기 쌓여 있다. 더구나 나는 수영을 못 한다. 목숨을 끊기에 이보다 더 좋은 조건이 있을까?

밤하늘의 별을 보기 위해 밖에 잠시 나갔을 때, 창고 안을 들여다보았다. 손전등으로 여기저기 비추어 보니 창고 안에는 갖가지 연장과 도구들이 잔뜩 쌓여 있었다. 낡은 비옷에 돌맹이와 쇳조각을 채워 넣으면 더욱 수월할 것이다.

에이린, 내가 어떻게 하면 좋겠소? 지금 당신은 너무나 먼 곳에 있소. 만약 당신과 아이들에게 알리지 않고 내가 홀로 목숨을 끊는다면 당신이 배신감을 느낄 것 같아서…… 오직 그것이 걱정될 뿐이라오.

우리 함께 행복한 날들을 보내왔소. 수많은 행복한 순간들……. 내가 없더라도 그 순간들을 떠올린다면, 조금이나마 괜찮지 않겠소?

에이린과 아이들에게 짐을 지우고 싶지 않다. 휠체어에 의지했다가 결국에는 침대에만 누워 지내는 내 모습을 상상해 본다. 마지막 순간이 되면 호흡기에 의지해 숨을 연명하다가 그 마저도 어느 순간 소용없는 때가 올 것이다. 이렇게 죽든 저렇게 죽든, 사랑하는 가족들이 느낄 슬픔은 매한가지겠지. 그것만큼은 나도 어쩔 수가 없다. 하지만 그들이 나의 마지막 순간을 꼭 지켜야 할 필요는 없다. 어차피 죽음은 냉혹하고 무자비한 것이다.

내가 스스로 모든 것을 끝내지 않는다면, 죽음의 손에

서서히 시들어 가는 내 모습이 마치 느린 영화처럼 사랑하는 사람들의 눈앞에 펼쳐질 것이다.

남아 있는 자들은 서로를 의지하고 사랑하며 살면 된다. 가족들이 몇 달에 걸쳐 내가 겪을 불명예스럽고 고통스러운 죽음의 과정을 함께 경험할 필요는 없다.

에이린, 당신은 이런 내 마음을 이해할 수 있소? 당신은 이런 나를 용서해 줄 수 있소?

마리안네도 언젠가는 이 글을 읽을 것이라 믿는다. 내가 이러한 결정을 내린 것이 결코 그녀의 잘못이 아니라는 점만 알아주었으면 좋겠다. 의사로서 내게 있는 그대로를 설명했던 것은 그녀의 의무였으며, 나는 그녀의 '조언'이 아니라 오직 그녀가 전달해 준 '사실'에 의거해 스스로 결정을 내렸을 뿐이다.

내 주변의 모든 사랑하는 이들에게, 내가 할 수 있을 때 스스로 삶을 정리할 수 있도록 허락해 주기를 부탁한다.

만약 내가 지금 홀로 있지 않았더라면 이런 결심을 실행에 옮기는 것은 불가능할 것이다. 가족들은 내 마음을 바꾸기 위해 어떤 일이라도 할 것이다. 그것이 바로 인간의 본능이 아니겠는가?

하지만 지금 이곳에는 나와 호수뿐이다.

저녁 빛이 새어 들어올 때부터 창문 너머 호수로 시선을 빼앗기기 시작했다. 별빛이 반사된 수면이 창백하게 반짝이고 있었다.

호수와 대화를 하기 시작했다.

밤의 짙은 눈동자를 닮은 호수는 죽음, 바로 그것이었다.

>>>}

안절부절못하며 오두막 안을 왔다 갔다 했다. 멜버른에 있는 에이린을 떠올렸다. 국제 콘퍼런스에 모인 수많은 사람들 중에 자신의 이름이 붙은 생명체를 보유한 과학자가 과연 몇 명이나 될까? 어쩌면 에이린, 단 한 명뿐일지도 모른다. 그 생각을 하니 마냥 기쁘고 뿌듯했다.

이곳 시간은 밤 열한 시, 멜버른은 오전 일곱 시. 문득 서로 다른 시차 속에 숨어 있는 것이 얼마나 쉬운 일인지 깨달았다. 마음만 먹으면 지금 당장 그녀에게 전화를 할 수도 있었다. 하지만 모든 것을 털어놓기엔 그녀와 나 사이에 시간과 공간의 제약이 너무나 많다는 생각을 지울 수가 없었다.

그녀가 지금 내게서 멀리 떨어져 있다고 생각하니 마음이 아프고 슬펐다. 오늘 밤은 우리 사이에 몇 백 광년처럼 여겨지는 시간이 자리하고 있는 것만 같다.

다시 오두막 안을 터벅터벅 둘러보고 있는데 전화벨이 울렸다. 마리안네였다. 받지 않았다. 이미 그녀와의 관계를 끝낸 후였으니까. 이번에는 의사와 환자로서의 관계도 끝내겠다고 결심했으며, 그 결심을 무너뜨리지 않을 것이다.

그러니 이젠 마리안네에게 책임을 져야 할 이유도, 그녀의 말을 따라야 할 이유도 없다. 몇 분 후, 다시 전화벨이 울렸다. 이번에도 그녀의 전화를 받지 않았다.

얼마나 지났을까? 그녀에게서 문자 메시지가 왔다.

친애하는 알버트, 지금 많이 힘들 거라 생각해. 이런 상황이 되면 대부분의 사람들은 스스로 고립하기 마련이지. 우리끼리는 흔히 지하실로 내려간다고도 해. 오늘 저녁, 내 전화를 받지 않는 당신 마음을 충분히 이해해.

하지만 알버트. 그냥 당신이 살아 있다는 신호만 내게 보내주면 안 될까? 당신이 원한다면 내일 당장 시간을 마련해 볼게. 오전 전체 진료 시간을 당신에게 할애할 수도 있어.

당신 옆에 에이린이 있다고 생각하니 마음이 놓여. 에이린은 매우 강인한 여인이지. 따스한 마음을 담아, 마리안네로부터.

내 눈을 믿을 수가 없었다. 이런 상황에 처한 사람들이 스스로 고립하는 것이 흔히 있는 일이라면, 그녀는 왜 굳이 내게 연락했을까? 내가 그녀에게 살아 있다는 신호를 보내야 하는 이유는 무엇일까? 또 에이린이 내 곁에 있는지 없는지 그녀가 어떻게 알고 있단 말인가? 게다가 에이린이 강인한 여인인지 아닌지 마리안네가 어떻게 안단 말인가?

어쨌든 그녀의 따스한 마음을 받아들여야겠다고 생각했다. 갑자기 두 눈이 젖어오기 시작했다.

약 삼십 분 후, 문자 메시지가 도착했다는 신호음이 들렸다. 에이린이었다. 나는 그녀에게 잘 자라는 문자가 올 것이라는 것을 이미 알고 있었다. 그녀는 멜버른에 도착한 첫날부터 매일 저녁 내게 문자를 보냈으니까. 하지만 오늘은 그녀의 문자를 확인해 볼 용기가 나지 않았다.

사랑하는 알버트! 오늘 하루 잘 보냈기를 바라. 여긴 발표와 토론, 워크숍이 쉴 새 없이 이어지고 있어. 내일은 내가 청록색박테리아를 소개할 차례야. 벌써부터 마음이 들뜨네. 어쩐 일인지 전혀 긴장이 안 돼. 내 생각엔 소통 기술의 최신식 수단이 바로 파워포인트인 것 같아. 이제 콘퍼런스에 참석할 시간이 다 됐어. 알버트, 좋은 꿈꾸길 바랄게. 당신의 사랑하는 에이린.

뜨거운 눈물이 뺨을 타고 흘러내렸다. 에이린에게 답장을 해야만 했다. 감정에 치우치지 않도록 마음을 다잡아야 했지만 그저 핸드폰의 문자 자판기만 두드리면 되었기에 그리 애쓸 필요는 없었다.

그녀에게 내가 지금 홀로 오두막에 와 있다는 말은 할 수 없었다. 눈이 녹아 질척한 이른 봄에 혼자 오두막에 올 이유가 없지 않은가? 게다가 주말도 아닌 목요일에.

문득 몸이 좋지 않아 내일 결근하겠다는 말을 아직 학교에 전하지 않았다는 생각이 떠올랐다. 지금껏 학교 생각은 까맣게 잊고 있었던 것이다. 걱정할 필요는 없었다. 이미 세상과의 모든 연을 끊었으니까. 핸드폰을 무음으로 돌려놓았다.

이미 머나먼 밤하늘 속으로 발을 디뎠다.

좋은 아침, 에이린! 난 오늘 하루 그럭저럭 잘 지냈어. 날씨가 화창해서 봄기운이 완연해. 심지어 길가에 피어 있는 민들레도 보았고, 검은지빠귀가 지저귀는 소리도 들을 수 있었어. 검은지빠귀의 노랫소리가 왠지 모르게 슬프게 들렸던 건 내 기분 탓일까? (언젠가 당신이 그랬지. 세상의 모든 사람들에겐 각자의 새가 있다고) 당신이 지구 반대편에 있다고 생각하니 기분이 이상해. 게다가 거긴 낮이고 여긴 밤이잖아. 잘 자, 에이린!

앗! 시차를 깜박했군. 사실, 안녕이라고 말할 참이었어. 저녁이 되면 오스트레일리아산 와인을 마시며 즐거운 시간을 보내기 바라. 지금까지 당신은 마음 놓고 즐길 시간적 여

유가 별로 없었는 데다가, 지구 반대편에 갈 기회도 거의 없었잖아. 내일 발표는 잘할 수 있을 거야. 행운을 빌게. 노스톡 에이리네를 응원하며.

2009년 4월 24일

시들어 가는 왼손으로 손전등을 쥐고 오른손으로 간신히 보트를 물에 띄운 후, 호수 중앙을 향해 노를 저었다. 낡은 작업복의 주머니마다 돌멩이와 못을 잔뜩 넣고, 허리에 두른 굵은 동아줄에는 망치와 도끼를 주렁주렁 매달았다.

이빨이 딱딱 마주칠 정도로 추운 날씨였다. 발아래의 어둑한 호수는 구름 한 점 없는 밤하늘의 별빛을 머금고 있었다.

호수 한가운데에 이르면 수심이 꽤 깊다는 것을 잘 알고 있었다. 그곳은 몇 년 전 가을, 에이린이 갑자기 공황에 빠진 듯 울먹였던 지점이기도 했다.

나는 몸을 일으켜 얼음처럼 차가운 호수 속으로 뛰어들었다.

물속에서 자잘한 빛이 사방팔방으로 흩어졌다. 발광체는 아닌 것 같았다. 민물에선 찾아볼 수 없는 것들이니까. 그것은 별빛이었다. 시간을 거슬러 우주 밖으로 뛰쳐나가는 듯한 느낌이 들었다. 나의 궁극적인 터전.

갑자기 얼음처럼 차가운 물이 작업복 속으로 스며들어 몸을 적시기 시작했다. 점점 깊이 빠져들었다. 일 미터, 이 미터……. 어쩌면 이 길은 오두막에서 도망친 마녀가 빠져들었던 바로 그 길이 아닐까.

되돌아갈 수 없다는 것은 잘 알고 있었다. 이젠 받아들여야 했다.

＞＞＞＞

눈을 떠보니 오두막의 다락방이었다. 어떻게 여기까지 왔을까? 전혀 기억나지 않았다.

호수에 빠진 것은 꿈이었을까? 하지만 꿈이라고 하기엔 너무 생생해 마치 현실 같았다. 그도 그럴 것이 나는 이미 확고하게 결심을 했고, 그 결심을 실행에 옮겼다. 내가 승자가 된 것만 같았다. 적어도 내겐 그 일이 명시적으로 다가왔다고 해야 할 것이다. 의지대로 운명을 스스로 결정하기 위해 움직였다.

손전등을 움켜쥐고 불을 켠 후, 손목시계를 확인했다. 새벽 네 시였다. 손가락을 세어 시차를 계산해 보았다. 멜버른은 지금 낮 열두 시.

이리저리 뒤척이며 잠에 들다 깨다 하기를 몇 번이나 반복했다. 꿈인지 생시인지 모를 상황에서 심연으로 뛰어들기를 반복하기도 했다. 온몸에 흥건한 땀이 마르기 시작하자 한기가 돌았다. 마치 차가운 물속에 들어갔을 때처럼.

창밖은 칠흑처럼 어두웠다. 다시 호수가 보이는 창가에 앉아 양초에 불을 붙이고 계속해서 글을 쓰기 시작했다. 이번에는 방금 꾸었던 꿈을 기록하기로 마음먹었다.

창밖이 서서히 밝아 왔다. 보라색에 가까웠던 하늘은 시간이 흐를수록 짙푸른 바다색을 닮기 시작했고, 어느덧 연푸른 하늘색으로 바뀌어 있었다.

동이 틀 무렵 호숫가를 살펴보던 나는 깜짝 놀랐다. 나

롯배가 호수 한가운데에 둥둥 떠 있는 게 아닌가!

심장이 쿵 내려앉는 것 같았다. 그렇다면 내가 꿈이라고 생각했던 그 일은 꿈이 아니었던가? 정말 내가 호수 한가운데까지 들어갔다 나왔단 말인가? 그렇다면 어떻게 오두막의 다락방까지 다시 올 수 있었을까?

애써 마음을 진정시켰다. 어쩌면 어제 오후, 나룻배를 물에 띄운 후 줄 매어 놓는 것을 깜박 잊었는지도 모른다. 정말 그랬을까? 혹시 어젯밤에 호수 한가운데까지 노를 저어 갔던 것은 아닐까?

마지막 장작을 벽난로 속에 던져 넣고 장작을 더 가져오기 위해 창고로 나갔다.

꿍

어느새 날은 환하게 밝아 있었고, 바람은 한 점도 불지 않았다.

어제와 마찬가지로 화창한 날이 이어졌다. 저 높은 하늘에 점점이 떠 있는 구름은 아침 햇살을 받아 연분홍색을 머금고 있었지만, 자작나무 꼭대기엔 아직 햇살이 미치지 않아 거뭇거뭇하게 보였다. 땅 위의 나무둥치들 사이에는 안개가 자욱했다.

저 멀리 안개 속에서 한 남자가 걸어오고 있었다.

내가 헛것을 본 건 아닐까? 이 또한 생생한 꿈의 일부는 아닐까? 그는 이른 아침에 산책을 나온 사람일지도 몰랐다.

이상한 생각이 스쳤다. 혹시 나룻배가 호수 한가운데에 떠 있던 것은 저 낯선 사람 때문일까? 그가 나룻배의 줄을 풀고 호수 한가운데로 배를 밀었던 건 아닐까?

터무니없는 생각에서 벗어나야 할 것 같았다. 낯선 남자는 내게로 성큼성큼 다가오고 있었다. 보아하니 크링글렌에서 시작되는 오솔길을 따라 이곳까지 온 것 같았다.

나를 발견한 그가 점점 더 가까이 다가왔다. 그는 하얀 턱수염의 노신사였다. 성경에 나오는 성인이 떠올랐다.

그는 정말 피와 살로 이루어진 인간일까? 내가 정녕 헛것을 보고 있는 건 아닐까? 내 눈에는 그가 확실히 보였다. 그러나 핸드폰 카메라를 들이댔을 때 사진 속에 그의 모습이 담길지는 장담할 수 없었다.

푸른색 털모자를 쓴 남자는 회색의 두터운 양모 스웨터

에 푸른색 목도리를 두르고 있었으며, 무릎까지 올라올 정도로 목이 긴 갈색 장화를 신고 있었다.

체격이 건장한 그는 언뜻 농부처럼 보이기도 했다. 그에게서 눈을 뗄 수가 없었다. 그의 모습이 무척 신비로웠기 때문에, 그가 누구인지보다 그가 무엇인지가 더 궁금했다. 지난 밤, 꿈인지 생시인지 모를 일마저 겪었던 터라 더욱 어리둥절했던 것이 사실이었다. 어쩌면 이 또한 꿈이 아닐까?

그가 내게 커다란 손을 내밀며 악수를 청했다. 그의 손까지 잡아 본 이상 그는 환영일 리가 없었다.

"날씨가 좋군요."

그가 말을 건네며 나무둥치 위에 앉았다. 나는 창고 옆에 있던 톱질 받침대 위에 자리를 잡고 앉았다.

"산책 중이신가요?"

내 질문에 그가 고개를 끄덕였다.

"눈여겨볼 필요가 있을 것 같아 집을 나섰습니다."

그의 알 수 없는 말에 나는 당황스러웠다.

"눈여겨볼 필요가 있다니요? 뭘 말씀하시는 겁니까?"

그가 잠시 생각에 잠겼다.

"계절이 변화하는 모습 말입니다. 이때가 되면 삶과 죽음이 공존하기 마련이죠. 아니, 죽음과 새로운 삶이라 해야 더 정확할 것 같군요. 생각하기에 따라 얼마든지 달리 말할 수 있을 겁니다."

잠시 생각에 잠겼던 그가 다시 말문을 열었다.

"당신도 느낄 수 있죠? 코를 찌르는 듯한 퀴퀴하고도 달짝지근한 냄새 말입니다. 그것은 오랜 생명이 썩어 들어가는 동시에 새로운 생명이 싹을 피우는 냄새입니다. 이 두 가지 현상은 항상 공존하기 마련이죠."

그의 말을 곱씹어 보았다. 생각하면 할수록 궁금증은 더욱 커지기만 했다. 이 낯선 남자는 도대체 누구일까? 삶과 죽음이라니! 그는 마치 내 머릿속을 훤히 들여다보고 있는 것만 같았다.

그가 다시 말문을 열었다.

"당신은 지금 매우 힘든 시기를 보내고 있군요. 고뇌에 빠져 있는 것 같습니다. 한눈에 봐도 알 수 있어요."

그의 눈빛은 너무나 강렬했다. 그의 강렬한 눈빛 뒤에 무엇이 있을지 궁금해지기 시작했다. 사람을 꿰뚫어 보는 신통력이 있을까?

지금껏 그런 것들을 전혀 믿지 않았다. 하지만 어제 하루 동안 내게 일어난 일들을 생각한다면 이 세상에는 그 어떤 일도 일어날 수 있었다.

이어지는 대화로 확신했다. 낯선 남자는 나를 꿰뚫어 보고 있는 것이 틀림없었다. 그는 분명 예지력을 지닌 사람이었다. 불가해한 그의 눈동자를 보니 심증이 더욱 굳어졌다.

이른 아침, 그가 숲속으로 온 것은 절대 우연이 아니었다. 그는 바로 나를 찾아왔던 것이다. 전에도 이와 비슷한 이야기를 들어 본 적이 있었다. 막다른 궁지에 몰려 희망이라곤 전혀 없는 사람에게 갑자기 어디선가 신통력을 지닌 사람이 나타나 도움을 주고 간다는 이야기 말이다.

어쩌면 사람과 사람은 눈에 보이지 않는 끈으로 이어져 있는지도 모른다. 그런 생각을 하니 마음이 조금 가벼워졌다.

이런저런 이야기를 나누던 중, 그가 갑자기 내 머릿속을 들여다본 듯 단도직입적으로 말했다.

"알버트, 당신은 지금 도움이 필요한 것 같군요."

예감은 틀리지 않았다. 그가 내 이름까지 알고 있지 않은가? 믿을 수 없을 만큼 이상했지만 그것은 사실이었다.

"네, 맞습니다."

금방이라도 눈물이 쏟아질 것 같았지만 애써 태연한 척 했다.

그가 호수를 가리키며 말을 이었다.

"배가 떠내려간 모양이군요."

"네, 그렇습니다. 제가 배를 묶어 두는 걸 깜박했나 봅니다."

그가 다시 말을 이었다.

"약 백여 년 전, 한 노부인이 이 호수에 빠져 죽었답니다. 단순한 사고일 수도 있고, 고령으로 인한 자연사일 수도 있어요. 하지만 그 어떤 범죄에도 연관되어 있지 않다는 것만은 확실했답니다."

나도 그 이야기를 들은 적이 있었지만 실제 있었던 일이라고는 생각하지 않았다. 그냥 전해 내려오는 전설 같은 이야기라 믿었다. 내가 듣기로는, 스페인 독감에 걸린 여인이 가족들에게 병을 옮기지 않으려 호수에 뛰어들어 스스로 목숨을 끊었다는 내용이었다.

"어쩌면 큰 병에 걸렸는지도 모르죠. 그래서 더 살고 싶지 않았던 것은 아닐까요?"

낯선 남자는 내 말에 고개를 끄덕였다. 그는 호수를 지 긋이 바라보며 혼잣말처럼 중얼거렸다.

"다시는 그런 일이 없어야 할 텐데요……."

그가 고개를 돌려 마치 취조하듯 강렬한 시선을 내게 던졌다.

별안간 그가 누구인지 알 것 같았다. 그는 약 이십오 년 전 숲속의 오두막을 우리에게 팔았던 바로 그 농부였다. 에이린은 그의 눈동자 색깔이 강렬한 코발트블루를 닮았 다고 말한 적도 있다. 우리는 오두막을 구입한 후, 한 번도 그와 만난 적이 없었다. 에이린과 차로 이곳을 지나칠 때 마다 혹여 근처에서 그를 볼 수 있지 않을까 매번 차창을 내다보았지만 말이다. 그는 농가를 개축하기 위한 돈이 필요했기 때문에 별장으로 사용했던 오두막을 파는 것이 라고 우리에게 말한 적이 있다. 그리고 우리가 오두막을 인수한 다음 해에 정말로 그 근처에 그럴싸한 농가 건물 이 지어졌다.

"혹시…… 크눗…… 에스페가르드 씨……?"

말을 더듬으며 물어보았다.

그가 고개를 끄덕였다. 그는 이제야 내가 그를 알아본다는 것을 눈치챈 듯, 내게 질문을 던졌다.

"이곳에서 보낸 시간은 어땠나요? 그러고 보니 벌써 이십칠 년 전이군요……."

말없이 고개만 끄덕였다. 무슨 말을 해야 할지 알 수 없었다. 단지 그의 질문에 고개를 끄덕이는 것으로 대답을 대신했을 뿐. 하지만 대화는 다시 이어졌다. 그에게 사람을 꿰뚫어 보는 능력이 있다는 생각을 여전히 지울 수가 없었다. 왜냐하면 그가 이렇게 말했기 때문이다.

"당신들은 그 전에도 이곳에 온 적이 있죠?"

"무슨 말씀이신지……?"

"오두막을 구입하기 십 년 전쯤이었나요?"

영문을 모르겠다는 표정을 지어 보려 했으나 마음처럼 잘 되지 않았다. 그럴 필요도 없었다. 눈앞에 있는 남자는 상대방의 생각을 꿰뚫어 보는 신통한 사람이었기 때문이다.

그가 내 생각을 알아챈 듯 말을 이었다.

"그날 당신들은 숲 언저리에 세워 두었던 푸른색 볼보가 있는 곳까지 내려가던 중, 오솔길을 올라오는 한 남자와 마주치지 않았나요?"

곰곰이 기억을 더듬었다. 우리는 그날 오두막에 몰래 들어가 잠을 자고 음식을 먹었을 뿐만 아니라, 뒷정리도 하지 않은 채 서둘러 빠져 나온 터였다. 그래서 신경을 곤두세운 채 오솔길을 내려왔던 것 같은데 아무리 생각해도 그날 오솔길에서 마주친 사람은 없었다. 혹여 행인에게 들키지나 않을까 겁이 난 상태라 더욱 주의하던 참이었다.

얼떨결에 고개를 끄덕이며 말했다.

"하지만 우리 외에도 그날 산책을 다녀갔던 사람들이 몇 명 더 있지 않았을까요?"

크눗 에스페가르드는 나를 뚫어지게 쳐다보며 대답했다.

"그럴 수도 있겠지요. 하지만 그날 불꽃처럼 빨간 스웨터를 입고 있었던 여인은 당신 여자 친구뿐이었습니다. 그리고 오두막 안에는 빨간 털실이 사방팔방에 흩어져 있었지요."

그가 나를 바라보며 잠시 말을 멈추더니 다시 말문을 열었다.

"세 개의 침대 위에도 마찬가지였습니다."

흠……. 그는 사람의 마음을 꿰뚫어 보는 신통력을 지

넀거나 전직 탐정 중 하나일 것이다. 어쨌거나 그제야 모든 것이 이해되기 시작했다. 그가 내게 질문을 던졌다.

"궁금한 게 하나 있습니다. 당신들은 그날 침대 세 개를 모두 사용했나요?"

그의 질문에 어떻게 대답해야 할까? 이젠 침묵을 지킬 필요가 없었다. 대답을 하든 안 하든, 그는 어차피 자신의 신통력을 이용해 다 알아챌 것이 틀림없으니 말이다.

나는 꾸중을 듣는 어린아이처럼 기어들어가는 목소리로 대답했다.

"우리는 어떤 침대가 가장 편한지 시험해 보고 싶었습니다. 그래서 모든 침대 위에서 사랑을 나눴어요. 그리고 가장 편하다 싶은 침대 위에서 잠이 들어 버렸습니다. 그 침대는 너무 푹신하지도 않고 너무 딱딱하지도 않아서 잠을 자기에 딱 적당했습니다."

그가 고개를 끄덕였다.

"나도 그랬을 것이라 생각했어요. 당신들은 이 오두막이 아주 마음에 들었나 봅니다. 그렇지 않고서야 몇 년이나 지난 후에 다시 돌아와 오두막을 구입할 리가 없지 않겠습니까?"

갑자기 지금껏 떠올리지 못했던 어떤 생각이 머릿속을 스쳤다. 마치 전기에 감전된 것만 같았다. 오두막 주인이었던 그는 오두막을 사러 온 우리가 누구인지 이미 알고 있었던 것이다. 그는 자신의 오두막에 몰래 들어왔던 우리를 알아보았기에 그 일이 아무것도 아닌 것처럼 두루뭉실하게 말했던 것이 아닐까? 물론 우리는 당시 오두막을 사려는 구매자의 입장이기도 했지만.

그는 마치 내 생각을 알아챈 듯 한마디를 덧붙였다.

"그날 에이린은 십 년 전에 입었던 그 빨간 스웨터를 다시 입고 왔지요. 대담하다고 해야 할지 뻔뻔하다고 해야 할지……."

에이린! 수많은 세월이 흘렀음에도 그는 여전히 에이린의 이름을 기억하고 있었다! 이유를 알 수 없는 기쁨이 나를 덮쳤다. 마치 십 년이라는 세월을 사이에 두고 그녀가 보내온 반가운 손짓을 본 것 같았다.

무슨 말이라도 해야 될 것 같아 얼른 입을 열었다.

"에이린이 얼마나 대담한지는 모르겠습니다만, 부끄러움 없는 당당한 사람인 것은 틀림없는 사실입니다."

그가 나를 돌아보며 혼잣말처럼 알 수 없는 말을 나직

이 중얼거렸다.

우리는 약 일 분 정도 침묵을 지키며 자리를 지켰다. 헐 벗은 자작나무에 아침 햇살이 스며들었고, 묵직하게 깔려 있던 안개도 서서히 걷혔다.

농부가 지닌 능력에 관한 생각을 애써 떨치며, 지금까지의 일을 다시 곰곰이 짚어 보았다.

크눗 에스페가르드는 왜 이토록 이른 아침에 숲속으로 산책을 나왔던 것일까? 그 시간에 이곳에 도착하려면 캄캄한 새벽에 집을 나서야만 했을 텐데…….

그는 왜 뜬금없이 삶과 죽음에 관한 화두를 던졌으며, 무슨 이유로 호수에 얽힌 옛날 이야기를 끄집어냈던 것일까? 한 여인이 호수에 빠져 죽었다는 백 년도 더 된 전설 같은 이야기를……?

게다가 그는 내가 고통에 몸부림치고 있으며 도움이 필요하다는 사실도 알고 있었다.

그는 크링글렌 숲 언저리에 세워 두었던 내 차를 보았을 것이다. 주말마다 그곳에 세워 두었던 하얀 도요타를 알아보기란 어려운 일이 아니었을 것이다. 어쩌면 주중에 홀로 차를 몰고 온 나를 이상하게 여겼을지도 모른다. 항상 에이린과 함께 오두막을 찾았으니까.

어쩌면 그는 지난밤에 잠을 이루지 못했던 걸 수도 있다. 악몽에서 깨어난 그는 내가 홀로 오두막에 온 것을 무심코 생각해 내고 이상한 느낌에 이곳까지 왔는지도 모른다. 하지만 그는 내게 에이린이 어디 있는지 한마디도 물어보지 않았다.

어쩌면 그는 호수 주변에 별일은 없는지 살펴보기 위해 일상적인 발걸음을 한 건지도 모른다. 농부의 산책 습관에 관해 아는 것이 하나도 없었다. 어쩌면 그는 축사에서 일을 시작하기 전에, 그러니까 매일 이른 아침에 산책하는 습관이 있을지도 모른다. 전형적인 새벽형 인간이 아닐까?

또 다른 이유도 생각해 볼 수 있다. 그는 단순히 사십여 년 전 오두막에 흩어져 있던 빨간 스웨터의 실오라기에 관해 이야기를 늘어놓고 싶었을지도 모른다. 그렇다면 오두막에 나만 혼자 있는 경우보다 더 좋은 기회는 없을 것이다. 지난 일로 에이린의 기분을 상하게 하고 싶진 않을 테니까.

그런데 막상 오두막까지 올라오니 내 몰골이 형편없어 보여 걱정이 된 건 아닐까? 그도 그럴 것이 어제 오후 내내, 머릿속에 있던 온갖 생각들을 글로 풀어 쓰느라 기진맥진해 있던 참이었다. 게다가 지난밤의 악몽 때문에 녹초가 되어 있었다. 그런 모습을 본다면 누구라도 내가 고통에 시달리고 있다고 생각할 것이 분명했다.

그가 말하길, 한눈에 알 수 있다고 했던가?

모든 것을 차치한다 하더라도 그에게 특별한 직관력이 있다는 사실을 간과할 수는 없었다. 그는 매우 세심한 사람임이 틀림없었다.

그가 내게 질문을 던졌다.

"그건 그렇고 에이린은 잘 지내고 있습니까?"

"아, 에이린은 지금 국제 콘퍼런스에 참가하느라 오스트레일리아에 있어요. 해양 미생물학에 관한 콘퍼런스라고 하더군요. 전 세계의 과학자들이 모두 모인다고 들었습니다."

그가 잠시 생각에 잠기더니 다시 내게 질문을 던졌다.

"그리고 당신은 주중인데도 불구하고 홀로 오두막을 찾았군요?"

고개를 끄덕이며 생각에 잠겼다. 그가 왜 이런 질문을 하는 것일까? 그의 걱정스러운 표정을 보며 서둘러 말을 이었다.

"곧 집에 돌아갈 생각입니다. 이제 날도 풀렸으니 겨우 내 손보지 못했던 것들을 정리하기 위해 오두막에 잠깐 들렀을 뿐이에요."

나이 많은 농부는 기도하듯 맞잡은 두 손을 얼굴 앞으로 들어올렸다. 그의 표정은 기도를 하는 것 같기도 했고, 애원하는 것 같기도 했다.

"에이린에게 안부를 전해 주세요! 당신은 에이린이 집에 돌아오기를 고대하고 있으리라 짐작합니다."

"네, 물론이죠."

"그렇다면 꼭 안부를 전해 주시기 바랍니다!"

"네, 물론입니다."

"약속할 수 있겠습니까? 꼭 에이린에게 안부를 전해 주겠다고 약속할 수 있나요?"

그가 왜 이토록 고집스럽게 안부를 전해 달라 다그치는지 이해할 수가 없었다.

내 기억은 순간적으로 에이린과 내가 처음 만났던 소풍

스 부게 캠퍼스의 휴게실로 향했다. 그녀는 손목시계를 차고 있었음에도 불구하고 내게 몇 시냐고 시간을 물어보았다. 나는 그녀의 질문에 또 다른 저의가 있을 것이라 확신했다. 이를테면 나와 친해지고 싶다는 본심이 담긴 게 아닐까 하는?

지금 나무둥치 위에 앉아 있는 저 남자의 말에도 또 다른 저의가 있음이 틀림없다고 생각했다. 그가 정작 하고 싶었던 말은 이런 것이 아니었을까? '멍청한 짓은 하지 마세요. 약속할 수 있나요? 에이린이 집에 돌아올 때까지 그녀를 기다리겠다고 내게 약속해 주세요!'

어쩌면 내가 터무니없는 상상을 하고 있는지도 모른다. 혹시 나만의 고통과 생각에 젖어 들어 주변 상황을 이성적으로 받아들일 능력을 잃어버린 것은 아닐까?

잠시 후 이어지는 그의 말에 나는 내 귀를 의심하지 않을 수 없었다.

"1972년 9월, 당신들이 오두막에 몰래 들어와 난장판을 만들어 놓고 갔던 일을 잊지 마세요. 당신은 아직 그에 대한 대가를 지불하지 않았습니다. 당신은 이미 나를 한 번 속인 적이 있습니다. 그 대가로 에이린에게 제 안부를 전해 주세요. 그렇게만 한다면 지난 일은 없던 것으로 해 드리겠습니다. 어때요?"

나는 마치 말 잘 듣는 학생처럼 열성적으로 고개를 끄덕였다.

그가 다시 말을 이었다.

"그날 오두막에 흩어져 있던 빨간 실오라기들을 줍느라 저녁 시간을 허비했어요. 상당히 짜증나는 일이었지요……. 그 일은 에이린에게 비밀로 합시다. 당신 생각은 어떤가요?"

나는 이번에도 고개를 끄덕였다.

그가 만족한 표정을 지으며 나무둥치에서 몸을 일으키더니, 내게 다가와 어깨를 두 번 툭툭 쳤다. 그의 손길은 분명히 내게 이렇게 말했다. '자, 이제 어깨를 쭉 펴고 기운 내세요!'

그는 왔던 길을 되돌아갔다. 그는 오솔길을 걸으며 단 한 번도 뒤를 돌아보지 않았다.

나는 톱질 받침대 위에 한동안 멍하니 앉아 있었다. 그가 자취를 감추자마자 조금 전 내 앞에 그가 정말 앉아 있었는지 아니면 정녕 내가 헛것을 본 것인지 자문했다.

그는 나를 구하기 위해 신이 내려보낸 수호자 같았다. 설령 그가 다른 의도로 나를 찾았다 할지라도 내게는 신의 사자나 다름없었다.

인간은 홀로 사는 존재가 아니다.

"인간은 외딴 섬이 될 수 없다. 개개의 인간은 대륙의 일부이자……."

며칠 전에도 존 던의 시를 주제로 수업을 진행한 적이 있었다.

학생들과의 대화는 매우 의미 있었고, 나 또한 깊이 생각할 수 있는 기회가 되었다. 예상했던 것 이상이었다. 수 세대 전의 몇 마디 시어가 아직도 현재의 젊은이들에게 영향을 미칠 수 있다고 생각하니 조그마한 기적을 경험한 것 같기도 했다. 하지만 '나'와 '타인'은 무수한 별자리로 이루어진 현대 사회에서 그다지 눈에 띄는 존재라 할 수 없었다. 극단적인 개인주의를 표방하는 무절제한 소셜 미디어에선 가능한 일일지도 모르겠지만.

우리는 자연의 일부일 뿐 아니라 밀접하게 엮인 가족과 사회와 문화의 일부이기도 하다.

창고에서 장작을 꺼내 오두막 안으로 들어갔다. 벽난로
에 장작을 넣어 두고 마른 장작이 타 들어가는 소리에 귀
를 기울였다. 그다음에는 방명록을 펼쳐 아침에 만났던
농부와의 대화를 써 내려가기 시작했다.

글을 쓰는 동안, 내 머릿속에서만 일어난 환영이었든 현
실이었든 어쨌거나 아침에 있었던 농부와의 만남으로 인
해 생각이 변했다는 것을 느꼈다. 그와의 대화는 내가 세
상을 이해하고 세상과 타협할 수 있도록 작은 씨앗이 되
어 주었다.

한 가족 모두가 한날한시에 모이기는 불가능하다. 가족
중에는 이미 세상을 떠난 사람도 있을 것이고, 아직 세상
에 태어나지 않은 사람도 있을 것이다. 이러한 규칙과 질
서는 보편적인 것이다. 그렇다고 해서 그들이 가족이라는
공동체를 완전히 떠난 것이라 말할 수는 없다.

나는 새로운 가족 구성원인 크리스티안과 사라를 세상
에 내어놓은 책임을 지고 있다. 그들 또한 언젠가는 자신
의 가족들에게는 물론 세상에 작별을 고할 날을 맞이할

것이다. 그렇다면 나의 존재와 세상과의 조화는 그들에게 어떤 영향을 미칠까?

어쩌면 이것은 머지않은 날 의미 있는 질문으로 다시 모습을 드러낼지도 모른다. 그렇다면 스스로 세상을 벗어날 수는 없지 않은가? 내겐 여전히 해야 할 일이 남아 있는 셈이니까. 그렇게 생각하니 기분이 좋아졌다.

나는 홀로 고립된 존재가 아니다. 나의 존재적 정체성은 내가 생각하는 것보다 훨씬 깊고 의미 있는 것일지도 모른다. 나는 인류의 일부이자 인류를 대표하는 개체이기도 하니까. 그러한 의미로 나는 여전히 내 속에 살아 있다.

지금껏 살아오며 마주쳤던 모든 사람들을 떠올렸다. 삶의 의지를 강렬하게 담아냈던 각각의 얼굴들이 살아 움직이는 정교한 모자이크처럼 한데 어우러졌다.

나는 지금껏 가면을 쓰고 살아오지 않았나? 나의 가면도 그들의 얼굴처럼 생기와 삶의 의지를 담아내고 있을 것이다. 모든 사람들에게 한 가지 공통점이 있다. 그것은 바로 언젠가 우리 모두 수명을 다한 장작처럼 이 세상에서 자취를 감출 것이라는 점이다. 하지만 우리가 함께 모여 만들어 낸 불꽃은 여전히 이글거릴 것이다.

내가 세상에서 그 역할을 다하고 사라진다 하더라도, 인류의 일원으로서 함께 만들어 낸 불꽃이 여전히 살아 있을 것이라 생각하니 가슴이 벅차올랐다.

우리의 대화는 계속 이어질 것이며, 경험 또한 지속적으로 남아 있을 것이다. 이를 바탕으로 역사와 문화의 새로운 장이 새롭게 펼쳐질 것이다. 이제 나는 내가 해야 할 일을 할 것이다. 나는 한 개인일 뿐 아니라 우주 전체이기도 하니까.

숲에서 자작나무 한 그루를 베어 낸다 하더라도 숲은 그 모습을 유지할 것이다…….

몸을 일으키고 농부에게 했던 말을 그대로 실행하기 시작했다. 우선 다가올 여름을 위해 오두막 대청소부터 시작했다.

계획했던 일을 마치고 다시 호수가 보이는 창가에 앉았다. 오두막 정리를 끝냈을 뿐 아니라 오두막을 나설 채비도 마쳤다. 오후 네 시. 멜버른은 자정이 되었을 것이다.

할 일이 생각보다 많았다. 내 몸이 시들어 가기 시작하면 오두막을 다시 찾을 수 없을지도 모른다. 때문에 시간을 들여 구석구석 세심하게 청소를 했다. 제대로 움직일 수 없는 왼손 때문에 생각했던 것보다 훨씬 많은 시간을 소비했지만 말이다. 이제 남은 오른손도 얼마 가지 않아 시들어 버릴 것이다.

가장 많은 시간을 들였던 일은 나룻배를 뭍으로 끌어오는 일이었다. 호수 중앙으로 헤엄쳐 갈 수는 없었다. 대신 목이 긴 장화를 신고 호숫가를 돌아다니며 나룻배가 물살을 타고 저절로 뭍으로 다가오기를 끈기 있게 기다렸다. 나룻배는 뭍에 가까이 다가오다가도 다시 저 멀리 흘러가 버리기를 반복했다. 덕분에 호숫가를 빙빙 돌며 달리기를 몇 번이나 해야만 했다.

몇 시간이나 흐른 후에야, 마침내 기다란 작대기를 이용해 나룻배를 호수 가장자리의 히스 덤불까지 끌어올 수 있었다.

노는 여전히 나룻배 안에 있었다. 나룻배에 올라타 오두막 앞까지 가기 위해 노를 젓는 동안 이상한 기분에 사로잡혔다. 올해 처음으로 나룻배에 올라탔기 때문일까?

배를 동아줄에 묶어 고정시킨 후, 허리를 굽혀 물속에 손을 넣어 보았다. 꿈에서와 마찬가지로 호수 물은 얼음

장이었다.

　한동안 제자리에 서서 호수 건너편을 멍하니 바라보았다. 이상하기 그지없었다. 어둑할 때의 호수는 우리를 위협하는 것처럼 두려운 존재지만, 낮이 되니 마치 푸른 아네모네꽃처럼 밝고 아름답게만 보였다.

　배를 뭍으로 올린 후, 핸드폰을 확인해 보았다. 부재중전화가 여러 통 와 있었다. 에이린이었다. 내가 전화를 받지 않자 에이린은 문자 메시지도 남겨 놓았다.

　사랑하는 알버트! 어제 늦은 밤 당신에게서 문자 메시지를 받은 다음, 바로 콘퍼런스에 참석하기 위해 서둘러 나가야만 했어. 그때 여긴 아침 시간이었으니까. 콘퍼런스가 시작하기 십오 분 전, 그러니까 오전 여덟 시 사십오 분부터는 핸드폰을 무음 상태로 돌려놓았지. 정오가 되어 핸드폰을 확인하니, 콘퍼런스가 시작되기 직전에 마리안네의 부재중 전화가 찍혀 있더라고. 그때쯤이라면 노르웨이 시간으로 자정이 훌쩍 넘었을 시간이라 많이 의아했지. 다행히도 마리안네는 내게 문자 메시지도 남겨 주었어. 그녀는 당신이 지

금 많이 고통스러워하고 있다고 했어. 알버트, 마리안네는 당신을 진심으로 걱정하고 있어. 물론 그녀는 내가 오스트레일리아에 있다는 사실을 알 리가 없겠지. 당신은 마리안네의 전화도 받지 않고, 문자 메시지에 답신도 안 했다면서? 하긴 당신은 내 전화도 받지 않았지. 제발. 어젯밤에 내게 문자 메시지를 보낸 후에 당신에게 무슨 일이 생겼다고는 말하지 말아 줘. 나도 걱정 많이 했어. 당신이 보낸 문자 메시지에 '안녕'이라는 말이 적혀 있었기 때문이지. 하지만 이젠 당신이 건강하게 잘 지내고 있다는 것을 알게 되었으니 안심이야.

난 당신이 숲속의 오두막에 갔다고 짐작했고 어떻게든 당신의 상태를 확인하려고 애썼어. 노르웨이 시간으로 자정이 넘은 시간이었지. 아마 새벽 네 시쯤 되었을 거야. 난 실례를 무릅쓰고 크눗 에스페가르드 씨에게 전화를 했어. 그의 이름을 기억할 수 있어서 얼마나 다행인지 몰라. 인터넷으로 그의 번호를 찾아 전화를 걸었어. 동이 트자마자 호숫가의 오두막에 당신이 있는지 확인해 달라고 부탁했어. 그는 흔쾌히 내 부탁을 들어주더군. 몇 분 전에 그에게서 문자 메시지가 왔어. 당신이 건강하게 잘 있다는 내용이었어. 난 마리안네의 문자 메시지에도 답장을 보냈어. 다시 마리안네에게 답장이 왔는데, 당신이 나쁜 소식을 전해 듣고 매우 고통스러워한다고 하더라. 난 더 정확히 알고 싶어 재차 물어 보았지만, 마리안네는 의사로서 환자의 개인 정보를 보호해야 한다는 이유로 더는 말해 주지 않았어.

알버트, 그것이 무엇이든 간에 우린 함께 이겨 낼 수 있어! 난 지금 집으로 돌아가는 비행기표를 알아보고 있는 중이야. 어쩌면 내일 아침 당장 방콕이나 싱가포르를 경유해서 돌아갈 수 있을지도 몰라. 알버트, 내게 전화해 줄 수 있어? 부탁이야! 지금 이곳 시간은 저녁 일곱 시야. 알버트, 우리가 함께할 수 있는 시간까지 기다려 주길 바라! 에이린으로부터.

에이린의 문자 메시지를 읽은 후, 나를 찾아왔던 농부는 꿈이 아니라 현실이었다는 것을 깨달았다. 그는 수호천사처럼 내게 왔고, 그 수호천사를 보낸 사람은 바로 지구 반대편에 있는 에이린이었다.

에이린에게 답장을 쓰기 시작했다.

세상에 둘도 없는 나의 사랑, 에이린! 당신이 크눗 에스페가르드 씨에게 전화해 그런 부탁을 했다니…….고마워. 그를 통해 내가 건강하게 잘 있다는 소식을 들었다면, 그건 바로 당신이 그를 내게 보냈기 때문일 거야.

에이린, 지금 당신에게 전화할 수는 없어. 당신 목소리를 들으면 금방이라도 감정에 북받쳐서 무너져 내릴 것만 같아. 그러니 당분간 내게 전화를 하지 않았으면 좋겠어. 약속해 줘. 당신이 사 게 그리워. 당신이 돌아올 때까지 기다리겠다고 약속할게. 하지만 당신도 조금 더 있다가 올 거라고 약속해 줘. 내일 당장 집으로 돌아온다는 건 있을 수 없는 일이야. 전 세계에서 모인 과학자들 앞에서 청록색 박테리아에 관한 보고서를 당당하게 발표하고 오길 바라. 설마 당신이 그 일을 포기하고 바로 집으로 돌아오기를 내가 바란다고 믿는 건 아니겠지? 난 지금도 여전히 노스톡 에이리네를 마음속으로 응원하고 있어.

내일은 크리스티안과 유네를 찾아가 볼까 생각 중이야. 사라도 만날 수 있겠지. 하지만 당신이 집에 돌아오기 전에는 내가 처한 상황에 관해 아무 말도 하지 않을 거야. 당신의 알버트로부터.

우리는 몇 번 더 문자 메시지를 주고받았다. 이제 그녀는 잠자리에 들었고 나는 홀로 앉아 생각에 잠겼다. 그녀는 지금쯤 안심하고 잠에 빠져 있을 것이다. 수면제의 도움을 받긴 했지만 말이다.

에이린은 약속대로 내게 전화를 하지 않았다. 그리고 내일 있을 콘퍼런스도 무사히 마치고 집에 돌아오기로 약속했다. 나는 그녀에게 파티에도 꼭 참석해 즐겁게 시간을 보내라고 말했고, 그녀는 내게 그러겠다고 약속했다.

무엇보다 당신이 당당하게 우레와 같은 갈채를 받았으면 좋겠다고도 말했다.

한때 우리는 좋은 날이나 나쁜 날이나 항상 함께하겠다고 서약한 적이 있다. 지난 시간을 돌이켜보니 우리에겐 좋은 날 뿐이었던 것 같다. 그렇다면 이제 우리에게 다가올지도 모르는 나쁜 날을 맞아들일 준비를 해야 할 것이다. 어쩌면 그 나쁜 날 중에서도 무언가 좋은 점을 발견해낼 수 있지 않을까?

우리는 숲속의 오두막과 관련된 것이라면 항상 함께 나누었다. 우리의 여정은 불꽃같은 골디락스의 순간으로부터 시작되었다. 이제는 전래 동화의 이면에 자리하고 있던 어두운 부분까지도 익숙하게 받아들일 준비를 해야 한다. 가끔은 식탁과 침대를 마녀와 함께 사용해야 하니 마음을 단단히 먹어야 할 것이다.

사유로 가득 채웠던 오두막 방명록을 그대로 놓고 갈 수는 없었다. 사라가 이 글을 읽는 것은 피해야 하니까. 에이린, 크리스티안, 유네도 마찬가지다. 그렇다고 방명록을 집에 가져갈 수도 없는 노릇이다. 벽난로에 넣어 태워 버리면 어떨까? 다행히도 벽난로 속의 장작은 아직도 불꽃을 활활 일으키며 잘 타고 있다.

아마도 잠시 후, 방명록을 갈기갈기 찢어 한 장씩 벽난로 속에 던져 넣을 것이다. 그리고 난생 처음으로 오두막의 환풍로를 열고 따뜻한 벽난로를 남겨 둔 채 집으로 향할 것이다. 방명록에 사라가 그렸던 두 마리의 백조 그림을 보니 가슴이 아팠다. 내겐 선택의 여지가 없었다. 나중에 사라에게 거짓말을 하는 수밖에……. 할아버지가 슬픈 일 때문에 술에 취해 장작 대신 오두막 방명록을 벽난로 속에 던져 넣었다고 말이다.

사라는 할아버지가 왜 슬퍼했는지 궁금해할 것이나. 나는 사라를 다독여 주기 위해 오슬로의 책방을 뒤적여 백조가 그려진 멋진 그림책을 사다 줄 생각이다.

책의 제일 앞장에는 '백조를 닮은 아름다운 사라에게'라고 적어야지.

세상과 조화를 이루고 타협하는 나만의 과정이 가족들에게 어떤 영향을 미칠지 궁금하기도 하다. 그 과정은 가족들이 이 글을 읽는 것으로 시작될 것이다. 그렇다면 이글을 태우지 않고 제자리에 놓아두는 것이 옳은 걸까?

이미 이 글에서 1982년 마리안네와 맺었던 부적절한 관계를 고백했다. 이십칠 년 전의 일이지만, 그처럼 큰 거짓말을 남겨 두고 지구를 떠나긴 싫다고 입버릇처럼 말해 왔다. 그렇다면 고백을 담은 이 방명록을 두고 가는 게 더좋을 것이다. 우주의 억겁의 세월을 앞에 두고 거짓말할수는 없었다.

에이린이 나를 용서해 주기만을 바랄 뿐이다. 세상과 조화를 이루고 타협해 나가는 과정의 일부로, 그녀의 자비를 기대해야 한다.

이제 정말 오두막을 떠날 때가 왔다. 마지막으로 내려야 할 결정은 이 방명록에 관한 것이다.

어떤 결정을 내리는가에 따라 이 방명록은 불꽃 속에서 사라질 수도 있고, 가족들이 오두막에 방문할 때까지 식탁 위에서 자리를 지킬 수도 있다.

세상과 작별하기까지는 몇 달밖에 남지 않았다.

몇 달이나 작별을 준비한다는 것은 길고 고통스러운 일일 것이다. 그저 그 시간이 더 길어지지 않기만을 바랄 뿐……. 불치병을 안고 오래도록 삶을 이어간다는 것이 쉽지 않겠지. 그 시간 동안 가족들에게 큰 짐이 되지 않기만을 바란다.

멋지고 훌륭한 세상과, 사랑하는 가족과, 고즈넉한 오두막과 작별하기까지 불과 몇 시간밖에 남지 않았다 하더라도 그 또한 견디기 힘들 정도의 고통을 수반할 것이다.

오직 내게 남은 시간이 필요 이상으로 길지도 짧지도 않기만을 바란다. 어쩌면 그 시간은 딱 적당할지도 모른다.

끝

죽음과 사랑 사이, 그 기묘한 얽힘에 대한 성찰
- 왜 알버트는 자살을 포기했을까?

강신주

☾ ✦

1.

깊은 숲속 호숫가에 있는 오두막 한 채. 밤이 깊어지자 오두막에서 촛불 빛이 새어 나온다. 그 빛은 우주의 신비를 품은 호수의 검은 표면에 묘한 긴장감을 준다. 예정된 죽음을 미리 앞당기려는, 어느 한 남자의 마지막 고뇌가 담겨 있기 때문이다.

중요한 질문을 할 때가 왔다. / 나는 이제 몇 달 남지 않은 불명예스러운 시간을 살아내야 할까? 아니면 내 손으로 모든 것을 끝내 버리는 것이 더 나을까? (⋯) 죽는 것은 두렵지 않다. 오히려 그 정반대다. 내 신체 기능이 하나둘 사라져 결국은 식물인간의 상태로 숨이 끊어질 때까지 살

아야 한다는 사실과, 얼마나 오랫동안 그러한 상태로 살
아야 하는지 모른다는 사실이 슬프고 괴로울 뿐이다. 매
시간마다 아니 매분 매초마다 내 삶을 타인의 정성과 도
움에 의지해야 한다고 생각하니 비참하기 짝이 없다.

그가 혼자 오두막에 들른 이유는 분명하다. 불치병에 걸
렸다는 의사의 말을 듣자마자 아내 에이린, 아들 내외, 그
리고 손녀, 이렇게 4명의 가족에게 짐이 되지 않기 위해
스스로 목숨을 끊고자 함이다. 요슈타인 가아더의 소설
『밤의 유서』는 이런 비극적 죽음에 내몰린, 누군가의 남편
이자 누군가의 아버지, 그리고 누군가의 할아버지인 알버
트라는 남자의 고뇌를 따라간다.

죽음을 앞당겨야 한다는 생각이 들자마자 알버트는 본
능적으로 에이린과의 사랑이 고스란히 새겨진 오두막을
찾는다. 세상을 떠나기로 작정한 사람들은 가급적 아름다
운 곳, 소중한 추억이 가득한 곳을 찾기 마련이니까. 이제
는 가족 별장이 된 호숫가 오두막에는 가족들이 올 때마
다 작성했던 방명록이 비치되어 있었다. 알버트는 이 방
명록의 남은 페이지에 자신의 삶과 사랑, 그리고 죽음을

앞둔 자신의 심경을 기록하기 시작한다. 그로서는 일종의 유서이자 스스로 죽음을 받아들이는 과정인 셈이다.

『밤의 유서』는 2009년 4월 23일과 2009년 4월 24일 단 이틀간, 알버트가 오두막에 머물며 썼던 방명록을 독자들이 넘겨 보는 형식을 취하고 있다.

알버트의 방명록은 애절한 구석이 있다. 이미 왼손의 수축이 시작되었으니, 오른손의 수축도 곧 이어질 것이다. 그래서 어쩌면 이틀에 걸친 이 방명록 작성이 마지막 오른손을 사용하는 일일지도 몰랐다. 이것이 바로 알버트가 죽음을 서두르려는 이유 중의 하나다. 얼마 지나지 않아 온몸의 근육이 수축되어 자살을 하려 해도 할 수 없는 지경에 이를 테니 말이다. 결국 알버트가 사랑하는 가족들에게 짐이 되는 존재가 되는 것은 시간문제다. 그러니 오른손을 움직일 수 있을 때 유서도 작성해야 하고, 두 다리를 움직일 수 있을 때 자살도 결행해야 한다.

하지만 아이러니하게도 이틀 동안 유서를 작성하면서 알버트의 생각은 극적으로 변하고 만다. 죽기 위해 쓰기 시작한 유서가 그의 생각을 바꾼 것이다.

세상과 작별하기까지는 몇 달밖에 남지 않았다. / 몇 달이나 작별을 준비한다는 것은 길고 고통스러운 일일 것이다. 그저 그 시간이 더 길어지지 않기만을 바랄 뿐……. 불치병을 안고 오래도록 삶을 이어간다는 것이 쉽지 않겠지. 그 시간 동안 가족들에게 큰 짐이 되지 않기만을 바란다. / 멋지고 훌륭한 세상과, 사랑하는 가족과, 고즈넉한 오두막과 작별하기까지 불과 몇 시간밖에 남지 않았다 하더라도 그 또한 견디기 힘들 정도의 고통을 수반할 것이다. / 오직 내게 남은 시간이 필요 이상으로 길지도 짧지도 않기만을 바란다. 어쩌면 그 시간은 딱 적당할지도 모른다.

『밤의 유서』의 마지막 대목, 즉 알버트의 마지막 기록이다. 알버트는 더 이상 유서를 방명록에 쓸 필요가 없다. 어차피 스스로 목숨을 끊을 생각을 포기했으니까. 도대체 무엇이 알버트의 결심을 바꾸도록 이끌었을까? 『밤의 유서』라는 소설로 요슈타인 가아더가 독자에게 내준 숙제는 바로 이것이다.

2.

왜 알버트는 자살을 결행하지 않게 되었을까? 그 해답의 실마리는 이틀간의 방명록에 담겨 있다. 독자들은 마지막 페이지를 넘기며 알버트가 마음을 바꾸게 된 명확한 이유에 대해 생각해 볼 것이다. 바로 이것이 이 소설이 가진 매력이다.

스스로 죽음을 앞당기겠다는 알버트의 마음이 가족과 함께 죽음을 기다리겠다는 마음으로 변하는 소설의 흐름은 부드럽고 자연스럽다. 그럼에도 불구하고 독자들은 다시 한번 알버트의 마음이 변하게 되는 분명한 이유를 고민하게 된다. 죽음에 대한 알버트의 고뇌는 단순히 그만의 것이 아니니까. 독자들도 분명 언젠가는 죽음과 직면하리라는 것을, 그리고 알버트처럼 고뇌에 빠질 수 있다는 것을 알기 때문이다. 그러니 죽음에 대한 알버트의 극적인 전회가 어떻게 이루어진 건지 그 이유를 명확히 하고 싶은 것이다. 결국 요슈타인 가아더는 묘한 소설을 완성한 셈이다.

두 번 읽어야만 하는 소설! 그래서 『밤의 유서』는 약 백칠십 쪽 정도의 짧은 분량으로 집필되었는지도 모른다.

두 번 읽어야 하는 이야기이므로 실제로 이 책은 약 삼백 사십 쪽 정도의 장편 소설인 셈이다. 한 번은 알버트가 되어 죽음의 문제에 몰입하고, 한 번은 알버트가 아닌 자신으로 돌아가 알버트의 극적인 변화를 이해하려고 할 테니 말이다. 요슈타인 가아더는 죽음에 대한 자신의 입장을 밝히기보다 독자들이 죽음에 대해 스스로 성찰하기를 원했던 듯하다. 가히 철학자답다.

이틀간의 방명록은 크게 자신의 죽음을 우주론적으로 성찰하는 부분과, 아내 에이린과의 사랑을 추억하는 부분으로 직조된다. 학교에서 영어와 역사를 가르쳤던 알버트는 현대우주론에 관심이 많은 아마추어 과학자이기도 하다. 빅뱅 이후 탄생한 우주도 하나의 우연이고, 그 우주에 물이 존재하는 행성이 있는 것도 하나의 우연이고, 물이 존재하는 행성에 생명체가 탄생한 것도 하나의 우연이고, 그 생명체 중 인간이 탄생한 것도 하나의 우연이고, 무엇보다도 수많은 인간들 중에 알버트 자신이 태어난 것도 하나의 우연이다. 알버트는 그것을 로또에 당첨된 일에 비유하기도 한다. 모든 요소와 힘들이 '딱 적당하게' 유지

되어야, 우주도, 물이 있는 행성도, 생명체도, 인간도, 그리고 알버트 자신도 존재할 수 있다는 생각이다.

자신의 존재가 필연이라고 믿었다면, 알버트는 자신에게 닥친 죽음을 납득할 수 없었을 것이고 당연히 더 깊게 좌절했을 것이다. 반면 자신의 삶이 연속적인 로또 당첨의 결과와 같은 것이라면, 다시 말해 자신이 태어나지 않았을 확률이 태어날 확률보다 수천 배, 아니 수억 배 높았다면, 태어나서 지금까지 살았다는 것만으로도 행운으로 느낄 것이다. 드넓은 사막에서 다이아몬드를 찾은 것과 마찬가지로 말이다. 그렇지만 이런 우주론적 사변만으로 죽음을 재촉하고자 하는 마음을 버릴 수 있을까?

아니다. 빅뱅과 우주라는 거대한 차원에서 알버트가 자신을 작은 먼지처럼 느꼈다는 것이 중요하다. 자신이 먼지보다 작게 느껴지는 순간, 자신에게 닥친 예고된 죽음은 그만큼 사소한 것이 되고 만다. 그래서 알버트의 우주론적 사변은 자신에게 임박한 비극적 종말과 그로부터 발생하는 고독한 공포심으로부터 벗어나려는 일종의 몸부림일 수밖에 없다.

알버트가 말했다. 자신은 죽음을 두려워하지 않지만 자신이 처한 불명예스러운 죽음은 두렵다고. 근육이 수축되어 식물인간 상태에서 서서히 죽어가는 것이 두렵고, 타인의 보살핌에 의지해 연명하는 것이 수치스럽다고. 예정된 죽음이 주는 두려움과 불명예를 피하기 위해 미리 죽어야 한다는 서러움이 복받칠 때마다, 우주론적 사변은 다행히도 알버트의 마음을 안정시킨다. 그렇지만 사실 측은하기까지 한 우주론적 사변을 구태여 이 호숫가, 이 오두막에서 할 필요는 없다.

그러나 이곳은 처음으로 에이린과 사랑을 나눈 곳이고 결혼한 뒤에 그 추억으로 구매한 곳이며, 사랑이 약해져 흔들릴 때마다 두 사람의 사랑을 다시 살려 낸 곳이다. 불명예스러운 죽음을 선고받은 알버트가 본능적으로 오두막을 자신의 마지막 장소로 결정한 것은 무척 의미심장한 일이다. 이곳은 죽음과 종말의 장소가 아니라 사랑과 시작의 장소이기 때문이다. 이곳은 아내로서의 에이린과 남편으로서의 알버트도 아니고, 어머니로서의 에이린과 아버지로서의 알버트도 아니고, 할머니로서의 에이린과 할아버지로서의 알버트도 아니고, 그렇다고 생명체를 사랑하는 생물학자 에이린과 영어를 가르치는 아마추어 우주학자 알버트도 아니라, 바로 알버트를 사랑했던 에이린과 에이린을 사랑했던 알버트의 공간이다.

그래서 알버트가 오두막을 찾은 것은 그가 에이린을 찾았다는 것, 사랑을 찾았다는 것과 다름없다. 비참한 죽음을 선고받은 알버트는 지금 바로 이 순간 에이린과의 사랑을 확인하고 싶었던 것이다. 사랑으로 점철된 과거가 아니라 현재하는 사랑을 말이다.

3.

다른 모든 생명체처럼 인간도 죽는다는 것을 우리는 잘 안다. 모든 존재가 자신이 가진 질서를 잃으며 파괴된다는 것은 열역학이나 양자역학의 복잡한 수식으로 표현하지 않더라도 객관적이고 냉혹한 진실임을 알 수 있다. 그래서 우리는 쉽게 말하곤 한다. 나도 언젠가 죽을 거라고.

그렇지만 알버트처럼 죽음을 선고받는다면 상황은 완전히 달라진다. 심지어 죽음이란 단어마저 무섭게 느껴지고, 자신이 딛고 있던 땅마저 모두 허물어지는 공허함마저 엄습한다. 나도 언젠가 죽을 것이라는 일상적인 말에서 '나'는 진짜 '내'가 아니라 객관화된 '나'에 지나지 않았던 것이다. 환자에게 죽음을 빈번히 선고했던 의사가 막상 자신의 죽음을 선고받게 되는 경우, 죽음에 대한 객관적 태도를 유지하기 힘든 것도 이런 이유에서다. "모든 인간은 죽는다는 것을 알고 있지만, 하필 왜 나일까?", "저기 산책하는 사람도, 저기 식당 주인도, 심지어 저기 유모차의 아이도 모두 죽을 테지만, 얼마 지나지 않아 내가 죽을 거라니!" 이런 모순된 표현들만이 객관화된 나의 죽음과 진짜 나의 죽음 사이의 간극을 암시한다.

죽음을 선고받은 알버트가 방명록을 쓰면서 넘나들었던 간극의 정체, 진짜 나의 죽음에 이르는 과정의 정체도 바로 이것이다. 여기서 우리는 죽음에 대한 자연과학적 이해, 혹은 객관적 이해를 넘어 '나'를 포함한 이해가 필요하다는 것을 직감한다. 그렇다고 해서 '나'를 포함한 이런 이해를 주관적이고 유아론적인 이해라고 속단해서는 안 된다. 이 소설은 주관과 객관을 모두 포함해 죽음을 인문학적으로 성찰하자는 이야기니까.

'나'에게 죽음은 세 가지로 다가온다.

'나'의 죽음(1인칭의 죽음)

'너'의 죽음(2인칭의 죽음)

그리고 '그(그녀)'의 죽음(3인칭의 죽음)

세 가지 죽음 중 우리를 가장 슬프게 하는 것은 무엇일까? 아니 이런 질문을 하기 전에 1인칭, 2인칭, 3인칭이 가진 인문학적 의미를 먼저 음미할 필요가 있다. 특히 중요한 것은 2인칭과 3인칭의 구분이다. '너'라고 불리는 존재는 내가 사랑하는 사람이다. 반면 '그, 그녀, 그들'이라고 불리는 사람(들)은 나와 무관한 사람, 조금 극단적으로 말해 사랑하지 않는 사람이다.

사랑은 함께 있고 싶은 감정이나 욕망이라고 정의할 수 있다. 스피노자식으로 표현하자면 사랑하는 사람과 함께 있으면 우리는 기쁘고, 반대로 사랑하는 사람의 부재는 우리를 슬픔에 빠지게 하거나 심하게는 고통까지도 안겨 준다. 중요한 것은 사랑이다. 누군가와 함께 있고 싶은 마음, 곧 사랑이 싹터야 '너' 혹은 2인칭의 세계가 만들어진다는 의미다.

이론적으로 자신을 제외한 모든 사람들을 2인칭으로 보는 사람도, 그리고 모두를 3인칭으로 보는 사람도 있다. 전자가 예수나 싯다르타와 같은 성인이라면, 후자는 로봇처럼 냉정한 사람일 것이다. 그렇지만 이런 극단적인 경우는 신격화 혹은 저주의 메커니즘이 작동하는 것이며 현실에서 찾아보기란 힘들다. 예수나 싯다르타에게도 무관심한 사람이 있고, 냉혹한 사람에게도 적지만 사랑하는 사람이 반드시 있기 마련이니까.

결국 대부분의 인간은 2인칭의 사람과 3인칭의 사람들에 둘러싸여 산다. 상대적으로 2인칭이 많은 사람일 경우 그렇지 않은 사람에 비해 따뜻하고 감성이 풍부하리라는 것은 분명한 사실이다.

이제 1인칭의 죽음, 2인칭의 죽음, 그리고 3인칭의 죽음 중 어느 것이 가장 쓰리고 아픈 죽음인지 어렵지 않게 대답할 수 있다. 바로 '너'의 죽음, 사랑하는 사람의 죽음, 2인칭의 죽음이다. 함께 있으면 기쁘고 그렇지 못하면 슬프거나 고통스러운 것이 바로 '너'다. 고양이여도, 사람이어도, 꽃이어도 상관없다. '너'가 발생한 다음이라면 '너'

의 죽음이 '나'에게 엄청난 고통을 줄 것이다……. 잠깐의 부재도 가슴을 아리게 하는데, 죽음은 오죽할까? 함께 있고 싶어도 절대로 그럴 수 없는 게 죽음이다. 2인칭의 죽음만큼 우리에게 고통을 주는 것도 없다.

혹여 '나'의 죽음, 1인칭의 죽음이 가장 고통스러운 것 아닌가 하는 반론도 가능하다. 내가 높은 옥상에서 뛰어내려 삶을 끝내려 한다고 치자. 허공에 몸을 날려 바닥에 떨어진 다음 피를 흘리며 죽는다. 1인칭의 죽음이다. 그러나 이미 나는 죽었기에 나의 죽음에 대해 고통을 느끼지 않는다. 고통을 느낀다는 것은 살아있음의 징표니까. 옥상에서 바닥으로 떨어졌음에도 고통이 느껴진다면 나는 죽지 않은 것이고, 1인칭의 죽음은 발생하지 않은 셈이다. 아이러니하게도 나의 죽음이 고통스럽게 느껴지려면 나는 살아있어야만 한다. 결국 내게 고통을 주는 것은 나의 죽음 그 자체가 아니라, 가까운 미래거나 먼 미래에 있을 나의 죽음에 대한 염려, 걱정, 혹은 두려움 때문이다. 그래서 알버트도 이렇게 말한 것이다.

죽는 것은 두렵지 않다. 오히려 그 정반대다. 내 신체 기능이 하나둘 사라져 결국은 식물인간의 상태로 숨이 끊어질 때까지 살아야 한다는 (…) 사실이 슬프고 괴로울 뿐이다.

'나'의 죽음, 그것은 한 번도 경험하지 않아서 아니 한 번만 경험할 수밖에 없어서 무섭고 두렵다고, 나아가 슬프고 고통스럽다고 상상될 뿐이다.

4.

'에이린은 나를 사랑하고 있을까?'

무의식적으로 알버트의 발걸음이 고즈넉한 호숫가 오두막으로 향했던 이유는 에이린과의 사랑이 고스란히 남겨져 있는 오두막에 해답의 실마리가 숨겨져 있으리라는 기대 때문이었다. 아니나 다를까. 오두막에 도착하자마자 에이린과 지냈던 모든 일들이 마치 영화처럼 생생하게 그의 뇌리에 펼쳐진다. 가장 결정적인 장면은 몇 년 전 어느 가을날 에이린과 함께 호수의 중앙까지 노를 저어 갔던 일이었다.

호수 중앙에 이르자 에이린이 천천히 노를 내려놓았다. 그리고 그녀는 깊은 한숨을 쉬며 호숫가의 나무들을 바라보았다. 자작나무, 사시나무, 호랑버들, 귀룽나무, 마가목……. 어떤 나무는 불에 타고 있는 듯 붉은 낙엽들을 달고 있었다. 에이린은 들이마시는 숨과 함께 주변의 풍경을 자신의 내면으로 빨아들이려는 것만 같았다. 단지 주변의 풍경뿐 아니라 풍경을 감싸 안은 시간까지도……. 매분 매초, 그리고 바로 그 순간까지도. / 처음으로 그녀와 함께 그 호숫가에서 노를 저었던 날이 떠올랐다. 잠깐이긴 했지만 그때도 에이린의 얼굴에는 짙은 그림자가 드리워져 있었다. / 그것은 슬픔이었을까? / 그 모습은 내가 잘 모르는 에이린의 또 다른 면이기도 했다. / 갑자기 그녀가 울먹이듯 외쳤다. / "알버트, 이건 영원의 순간이야!" / 그녀가 내 눈을 뚫어지게 바라보며 다시 말문을 열었다. / "또 다른 영원의 순간은 존재하지 않아!" / 그녀가 흐느끼기 시작했다. 너무나 아프고 서럽게.

호수 중앙으로 함께 배를 타고 나갈 때마다 에이린의 얼굴에는 짙은 그림자가 드리워졌다. 알버트가 기억하는 한 적어도 두 번이나. 에이린은 왜 그다지도 서럽고 아프게 울었던 걸까? 자신이 잘 모르는 에이린의 또 다른 면을 알버트는 알아야 했고 마침내 알게 된다.

『밤의 유서』라는 소설의 짓궂은 측면 혹은 요슈타인 가아더의 음흉함은, 알버트가 드디어 깨닫게 된 에이린의 또 다른 면을 명료화하지 않는다는 데 있다. 자살을 포기하고 에이린과 예정된 죽음을 함께하기로 결심한 알버트의 언행을 묘사하는 것으로, 그가 에이린의 얼굴에 드리워졌던 짙은 그림자의 정체를 깨달았다는 걸 암시할 뿐이다.

요슈타인 가아더는 독자들로 하여금 다시 생각하도록 만든다. 에이린은 호수 중앙에 이른 배 안에서 사랑하는 알버트와 아무런 방해도 없이 완벽하게 함께할 때, 왜 그다지도 서럽고 아프게 흐느꼈던 것일까? 알버트는 에이린의 또 다른 면이라고 했지만, 사실 그것은 사랑의 본질과 관련된다. 처음부터 에이린은 알았던 것이다.

사랑하지 않았으면 그만이다. '너'를 만들지 않았으면 그만이다. 그렇지만 '너'가 만들어지고 사랑이 시작되었다면, '나'는 슬픔과 고통을 선고받은 셈이다. '너'는 부재하

거나 죽을 수 있기 때문이다. 바로 이것이 에이린이 서럽
고 아프게 울먹였던 이유다. 지금 이렇게 온전히 함께 있
는 알버트도 잠시 동안이든 아니든 영영 자신을 떠날 때
가 오고야 말 것이다. 알버트가 자기 일에 매몰될 수도 혹
은 바람을 피울 수도 아니면 늙고 병들어 자신을 영영 떠
날 수도 있다. 그럴 때마다 찾아들 슬픔과 고통은 괴로운
일일 것이다. 그렇지만 에이린이 느끼는 슬픔과 고통의
순간은 여전히 알버트가 함께 있고 싶은 '너'라는 사실을
확인할 수 있는 확인되는 고마운 시간이기도 하다. 이렇
게 에이린은 알버트와 함께하는 지금 이 순간이 앞으로
있을 슬픔과 고통의 시간마저 관통하리라는 걸 직감한다.
그래서 에이린은 절규했던 것이다.

　　알버트, 이것은 영원의 순간이야! / 또 다른 영원의 순
　　간은 존재하지 않아!

이제 2009년 4월 24일에 알버트가 작성한 두 번째 방명
록 도입부에 등장하는 몽환적인 대목이 이해된다. 자살을
결심한 알버트는 깊은 밤 호수 중앙으로 배를 몰고 나가

물속으로 몸을 던진다. 알버트의 머릿속에서만큼은 분명 일어난 사건이다.

호수의 물이 알버트가 몰랐던 에이린의 또 다른 면, 그녀가 서럽고 아프게 흘렸던 눈물을 상징한다면, 여기에 뛰어들었다는 것은 알버트가 때늦게, 아니 딱 적당한 때에, 에이린이 흘렸던 눈물의 의미를 알았다는 것을 상징한다.

불명예스러운 죽음을 피하고자 자살을 결심했던 알버트가 이렇게 죽는다. 대신 식물인간 상태로 서서히 죽어가더라도 에이린과 함께 있겠다는 알버트는 다시 태어난다. 마침내 '에이린은 나를 사랑하고 있는가?'라는 물음뿐만 아니라 '나는 에이린을 사랑하고 있는가?'라는 더 깊고 더 중요한 물음도 모두 풀어졌다. 이제 알버트는 '너'가 '나'의 '너'이듯, '나'는 '너'의 '너'라는 걸, 그리고 이 세상에서 가장 아픈 일은 '너'의 부재와 '너'의 죽음이란 걸 안다.

그러니 알버트는 미안하기만 하다. '나'의 죽음에만 몰두하느라 에이린에게는 '너'의 죽음이 될 거라는 사실을 잠시 망각했기 때문이다. 이제 알버트는 식물인간이 되어 서서히 죽어가는 엄청난 고통을 견디기로 한다. 함께 있고 싶은 사람이 에이린이란 걸 그녀에게 보여줄 수 있고, 그녀가 '너'의 죽음이란 슬픔에 조금이라도 늦게 빠질 수만 있다면 충분히 가치 있는 일이다. 그렇지만 정말 죽음의 고통을 잘 견딜 수 있을까? 그래서 알버트는 작은 소망 하나를 마지막으로 적으며 방명록을 덮는다.

　오직 내게 남은 시간이 필요 이상으로 길지도 짧지도 않기만을 바란다. 어쩌면 그 시간은 딱 적당할지도 모른다.

마지막으로 알버트에게 인사를 하고 싶다.

"힘내요. 알버트. 언제 세상을 떠날지는 몰라도, 그 순간 당신은 딱 적당한 시간에 떠났다고 분명히 느낄 겁니다."

옮긴이 손화수

한국외국어대학교에서 영어를, 오스트리아 잘츠부르크 모차르테움 대학에서 피아노를
공부했다. 1998년 노르웨이로 이주한 후 크빈헤라드 코뮤네 예술학교에서 피아노를
가르쳤다. 2002년부터 노르웨이 문학을 번역해 국내에 활발히 알리기 시작했다. 옮긴
책으로는 요슈타인 가아더의『피레네의 성』『크리스마스 미스터리』를 비롯해『벌들의
역사』『나의 투쟁』『파리인간』『피렌체의 연인』『루시퍼의 복음』등이 있다.

밤의 유서

1판 1쇄 발행 2021년 8월 20일
1판 2쇄 발행 2021년 9월 10일

지은이 요슈타인 가아더
옮긴이 손화수

발행인 양원석 **편집장** 정효진 **책임편집** 문예지
디자인 남미현, 김미선 **해외저작권** 박성아
영업마케팅 양정길, 강효경, 정다은, 김보미, 구채원

펴낸 곳 ㈜알에이치코리아
주소 서울시 금천구 가산디지털2로 53, 20층 (가산동, 한라시그마밸리)
편집문의 02-6443-8843   **도서문의** 02-6443-8800
홈페이지 http://rhk.co.kr   **등록** 2004년 1월 15일 제2-3726호

ISBN 978-89-255-7990-0 (03100)

※ 이 책은 ㈜알에이치코리아가 저작권자와의 계약에 따라 발행한 것이므로
    본사의 서면 허락 없이는 어떠한 형태나 수단으로도 이 책의 내용을 이용하지 못합니다.
※ 잘못된 책은 구입하신 서점에서 바꾸어 드립니다.
※ 책값은 뒤표지에 있습니다.